"十二五"职业教育国家规划教材

国家卫生健康委员会"十三五"规划教材

全国高职高专规划教材

供眼视光技术专业用

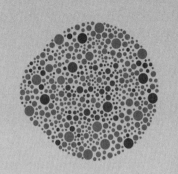

眼镜店管理
第2版

主　编　李　捷　毛欣杰

副主编　王翠英　于　翠

编　委（以姓氏笔画为序）

丁冬冬　天津市眼科医院视光中心

于　翠　辽宁何氏医学院

王　犁　浙江省眼科医院

王婧颖　重庆医药高等专科学校

王翠英　天津职业大学

毛欣杰　温州医科大学附属眼视光医院

刘新婷　温州医科大学附属眼视光医院

李　捷　天津爱尔眼科医院

连　捷　星创视界（中国）集团有限公司

唐　萍　北京同仁验光配镜中心

主编助理　刘新婷　温州医科大学附属眼视光医院

人民卫生出版社

图书在版编目（CIP）数据

眼镜店管理/李捷,毛欣杰主编. —2版. —北京：
人民卫生出版社,2020
　ISBN 978-7-117-29651-9

Ⅰ.①眼…　Ⅱ.①李…②毛…　Ⅲ.①眼镜－专业商
店－商业管理－医学院校－教材　Ⅳ.①F717.5

中国版本图书馆 CIP 数据核字（2020）第 017093 号

人卫智网　www.ipmph.com	医学教育、学术、考试、健康，	
	购书智慧智能综合服务平台	
人卫官网　www.pmph.com	人卫官方资讯发布平台	

眼镜店管理
第 2 版

主　　编：李　捷　毛欣杰
出版发行：人民卫生出版社（中继线 010-59780011）
地　　址：北京市朝阳区潘家园南里 19 号
邮　　编：100021
E - mail：pmph @ pmph.com
购书热线：010-59787592　010-59787584　010-65264830
印　　刷：中农印务有限公司
经　　销：新华书店
开　　本：850×1168　1/16　　印张：9
字　　数：241 千字
版　　次：2012 年 5 月第 1 版　　2020 年 3 月第 2 版
　　　　　2025 年 11 月第 2 版第 12 次印刷（总第 20 次印刷）
标准书号：ISBN 978-7-117-29651-9
定　　价：35.00 元
打击盗版举报电话：010-59787491　E-mail：WQ @ pmph.com
质量问题联系电话：010-59787234　E-mail：zhiliang @ pmph.com

全国高职高专院校眼视光技术专业
第二轮国家卫生健康委员会规划教材(融合教材)修订说明

全国高职高专院校眼视光技术专业第二轮国家卫生健康委员会规划教材,是在全国高职高专院校眼视光技术专业第一轮规划教材基础上,以纸质为媒体,融入富媒体资源、网络素材、慕课课程形成的"四位一体"的全国首套眼视光技术专业创新融合教材。

全国高职高专院校眼视光技术专业第一轮规划教材共计13本,于2012年陆续出版。历经了深入调研、充分论证、精心编写、严格审稿,并在编写体例上进行创新,《眼屈光检查》《验光技术》《眼镜定配技术》《眼镜维修检测技术》和《眼视光技术综合实训》采用了"情境、任务"的形式编写,以呼应实际教学模式,实现了"老师好教,学生好学,实践好用"的精品教材目标。其中,《眼科学基础》《眼镜定配技术》《接触镜验配技术》《眼镜维修检测技术》《斜视与弱视临床技术》《眼镜店管理》《眼视光常用仪器设备》为高职高专"十二五"国家级规划教材立项教材。本套教材的出版对于我国眼视光技术专业高职高专教育以及专业发展具有重要的、里程碑式的意义,为我国眼视光技术专业实用型人才培养,为促进人民群众的视觉健康和眼保健做出历史性的巨大贡献。

本套教材第二轮修订之时,正逢我国医疗卫生和医学教育面临重大发展的重要时期,教育部、国家卫生健康委员会等八部门于2018年8月30日联合印发《综合防控儿童青少年近视实施方案》(以下简称《方案》),从政策层面对近视防控进行了全方位战略部署。党中央、国务院对儿童青少年视力健康高度重视,对眼视光相关工作者提出了更高的要求,也带来了更多的机遇和挑战。我们贯彻落实《方案》、全国卫生与健康大会精神、《"健康中国2030"规划纲要》和《国家职业教育改革实施方案》(职教20条),根据教育部培养目标、国家卫生健康委员会用人要求,以及传统媒体和新型媒体深度融合发展的要求,坚持中国特色的教材建设模式,推动全国高职高专院校眼视光技术专业第二轮国家卫生健康委员会规划教材(融合教材)的修订工作。在修订过程中体现三教改革、多元办学、校企结合、医教协同、信息化教学理念和成果。

本套教材第二轮修订遵循八个坚持,即①坚持评审委员会负责的职责,评审委员会对教材编写的进度、质量等进行全流程、全周期的把关和监控;②坚持按照遴选要求组建体现主编权威性、副主编代表性、编委覆盖性的编写队伍;③坚持国家行业专业标准,名词及相关内容与国家标准保持一致;④坚持名词、术语、符号的统一,保持全套教材一致性;⑤坚持课程和教材的整体优化,淡化学科意识,全套教材秉承实用、够用、必需、以职业为中心的原则,对整套教材内容进行整体的整合;⑥坚持"三基""五性""三特定"的教材编写原则;⑦坚持按时完成编写任务,教材编写是近期工作的重中之重;⑧坚持人卫社编写思想与学术思想结合,出版高质量精品教材。

本套教材第二轮修订具有以下特点:

1. 在全国范围调研的基础上,构建了团结、协作、创新的编写队伍,具有主编权威性、副主编代表性、编委覆盖性。全国15个省区市共33所院校(或相关单位、企业等)共约90位专家教授及一线教师申报,最终确定了来自15个省区市,31所院校(或相关单位、企业等),共计57名主编、副主编组成的学习型、团结型的编写团队,代表了目前我国高职眼视光技术专业发展的水平和方向,教学思想、教学模式和教学理念。

2．对课程体系进行改革创新，在上一轮教材基础上进行优化，实现螺旋式上升，实现中高职的衔接、高职高专与本科教育的对接，打通眼视光职业教育通道。

3．依然坚持中国特色的教材建设模式，严格遵守"三基""五性""三特定"的教材编写原则。

4．严格遵守"九三一"质量控制体系确保教材质量，为打造老师好教、学生好学、实践好用的优秀精品教材而努力。

5．名词术语按国家标准统一，内容范围按照高职高专眼视光技术专业教学标准统一，使教材内容与教学及学生学习需求相一致。

6．基于对上一轮教材使用反馈的分析讨论，以及各学校教学需求，各教材分别增加各自的实训内容，《眼视光技术综合实训》改为《眼视光技术拓展实训》，作为实训内容的补充。

7．根据上一轮教材的使用反馈，尽可能避免交叉重复问题。《眼屈光检查》《斜视与弱视临床技术》《眼科学基础》《验光技术》，《眼镜定配技术》《眼镜维修检测技术》，《眼镜营销实务》《眼镜店管理》，有可能交叉重复的内容分别经过反复的共同讨论，尽可能避免知识点的重复和矛盾。

8．考虑高职高专学生的学习特点，本套教材继续沿用上一轮教材的任务、情境编写模式，以成果为导向、以就业为导向，尽可能增加教材的适用性。

9．除了纸质部分，新增二维码扫描阅读数字资源，数字资源包括：习题、视频、彩图、拓展知识等，构建信息化教材。

10．主教材核心课程配一本《学习指导及习题集》作为配套教材，将于主教材出版之后陆续出版。

本套教材共计 13 种，为 2019 年秋季教材，供全国高职高专院校眼视光技术专业使用。

第二届全国高职高专眼视光技术专业
教材建设评审委员会名单

顾　问

瞿　佳　温州医科大学
赵堪兴　天津医科大学
崔　毅　中国眼镜协会
刘　斌　天津职业大学
齐　备　中国眼镜协会
谢培英　北京大学
高雅萍　天津职业大学

主 任 委 员

王海英　天津职业大学

副主任委员

赵云娥　温州医科大学
贾　松　苏州卫生职业技术学院
亢晓丽　上海交通大学

委　员（按姓氏拼音排序）

边云卓　沧州医学高等专科学校
陈大复　厦门大学
陈丽萍　天津职业大学
陈世豪　温州医科大学
崔　云　长治医学院
丰新胜　山东医学高等专科学校
冯桂玲　唐山职业技术学院
高雅萍　天津职业大学
高玉娟　长治医学院
顾海东　南京远望视光学研究所
郝少峰　长治医学院
胡　亮　温州医科大学
黄小明　温州医科大学
姬亚鹏　长治医学院
贾　松　苏州卫生职业技术学院
姜　珺　温州医科大学
蒋金康　无锡工艺职业技术学院
金晨晖　深圳职业技术学院
金婉卿　温州医科大学
亢晓丽　上海交通大学
李　兵　锦州医科大学
李　捷　天津爱尔眼科医院
李丽娜　包头医学院
李瑞凤　漳州卫生职业学院
李童燕　南京科技职业学院
李延红　上海第二工业大学
刘　念　广州商贸职业学校
刘　宁　郑州铁路职业技术学院
刘　意　郑州铁路职业技术学院

5

刘科佑	深圳职业技术学院	杨丽霞	石家庄医学高等专科学校
刘院斌	山西医科大学	杨砚儒	天津职业大学
毛欣杰	温州医科大学	叶佳意	东华大学
齐　备	中国眼镜协会	易际磐	浙江工贸职业技术学院
任凤英	厦门医学院	尹华玲	曲靖医学高等专科学校
沈梅晓	温州医科大学	于　翠	辽宁何氏医学院
施国荣	常州卫生高等职业技术学校	于旭东	温州医科大学
王　锐	长春医学高等专科学校	余　红	天津职业大学
王翠英	天津职业大学	余新平	温州医科大学
王海英	天津职业大学	张　荃	天津职业大学
王淮庆	金陵科技学院	张艳玲	深圳市龙华区妇幼保健院
王会英	邢台医学高等专科学校	赵云娥	温州医科大学
王立书	天津职业大学	朱嫦娥	天津职业大学
谢培英	北京大学	朱德喜	温州医科大学
闫　伟	济宁职业技术学院	朱世忠	山东医学高等专科学校
杨　林	郑州铁路职业技术学院		

秘书长

刘红霞　人民卫生出版社

秘　书

朱嫦娥　天津职业大学
李海凌　人民卫生出版社

第二轮教材(融合教材)目录

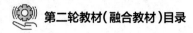

获取融合教材配套数字资源的步骤说明

1 扫描封底红标二维码，获取图书"使用说明"。

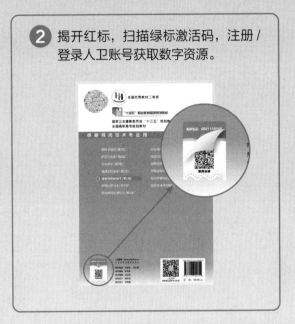

2 揭开红标，扫描绿标激活码，注册/登录人卫账号获取数字资源。

3 扫描书内二维码或封底绿标激活码随时查看数字资源。

4 登录 zengzhi.ipmph.com 或下载应用体验更多功能和服务。

扫描下载应用

客户服务热线 400-111-8166

关注人卫眼科公众号
新书介绍 · 最新书目

前　言

近年来我国高职高专眼视光技术专业得到快速发展，从实际教学角度看，眼视光技术专业类教材种类虽然较多，基本能够满足教学要求，但相关院校缺少一套针对性、系统性的管理类教材。按照国家卫生和健康委员会规划教材课程的要求，受人民卫生出版社的委托，由主编具有多年行业经验的企业管理人员、知名的行业培训人员及具有多年教学经验的高等院校教师修订了《眼镜店管理》(第2版)。我们相信，通过本教材的出版、发行，能够使得各类学生在现有专业技术课程基础上，对行业的管理知识有一定的了解，全面提升学生的综合素质。

全书共分八章内容，第一章介绍眼镜店的现状、地位和分类；第二章介绍眼镜店的筹建准备；第三章介绍眼镜店的人力资源管理；第四章介绍物流设置和管理；第五章介绍眼镜店的财务管理；第六章介绍眼镜店的日常运行；第七章介绍品质管理；第八章介绍眼镜店的信息化管理。该版教材与上版教材相比内容上有较大调整，新增了眼镜店的财务管理一章，更多内容与实际运用相结合，希望该书能够给更多学生和相关行业人员提供帮助。

全书的参编人员包括：李捷、毛欣杰、于翠、王翠英、刘新婷、丁冬冬、唐萍、王婧颖、连捷、王犁。在本书的编写过程中，各位参编人员能够发挥团队精神，在参考资料相对较少的情况下，认真查阅各种资料，做了大量的调研工作，最终使本书能够顺利出版发行。在此，对上述人员给予衷心感谢。

为了进一步提高本书的质量，以供再版时修改，因而诚恳地希望各位读者、专家提出宝贵意见。

李　捷　毛欣杰

2019 年 12 月

目　　录

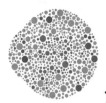

第一章　眼镜店的现状、地位和分类

本章学习要点

1. 掌握　眼镜店的分类和功能。
2. 熟悉　眼镜店在眼健康保健中的地位和作用。
3. 了解　国内外眼镜店发展的历史和特点。

第一节　眼镜店的功能及分类

一、眼镜店功能

眼镜店最基本的要求是能满足消费者某个方面的需求，能给消费者带来利益和好处。广义上讲，销售是眼镜店功能（function）的核心部分，通过销售最终满足消费者在眼镜店的基本需求。与其他行业的消费者需求相比，眼镜店的消费者并无明显差别。但与其他行业不同的是，规范的眼镜店大部分销售必须与专业技术相结合，而不是简单的销售商品。因此可以将眼镜店的功能总结为以下几个方面：

1. 配装眼镜　分为定配眼镜和老视成镜。定配眼镜是目前世界上公认的矫正屈光不正的一种最为安全的方法，眼镜店是定配眼镜的主要生产商，他们根据顾客的视力状况，通过验光开具定配眼镜的加工处方，并根据加工处方的要求，经过包括从元件（眼镜片和眼镜架）准备→加工制作→检验→校配等步骤，将眼镜片与眼镜架装配起来，并使其适合不同配戴者的要求。

2. 眼镜零售（retail of glasses）　眼镜店应该是一个不同于普通商品零售或零售服务的行业，其需要非常专业的知识、技术和更加全面良好的服务能力。而且，验光配镜作为现代视光学领域的重要组成部分，随着视光学、视光学材料概念逐步被大家接受和重视，其对于专业知识、专业技术和服务水准的要求越来越高，所以大多数眼镜零售企业都存在不断提高和逐步适应的问题。

商品销售是眼镜店的核心功能。此项核心功能的体现，必须要让销售人员掌握商品几个方面的知识：商品的名称、商标、规格和产地；商品的原料、成分及特点；商品的使用；一些基本维修技术。在买方市场条件下，商品品种日新月异，眼镜零售商品的类型也越来越丰富。镜片材料已有天然、玻璃、树脂材料之分，镜架已有天然、合成、金属材料之分。镜架的天然材料中又有角质类和龟甲类及木制品，合成材料中又有硝酸酯、丙烯酸酯、尼龙等，金属材料中又分金、铂（白金）、铜合金、镍合金、不锈钢、钛金属等。

眼镜店销售功能的良好发挥也面临不断挑战。真正掌握每一种新产品的原材料、成分及特点，特别是维修技术，销售人员不下苦功夫是做不好的。

3. 服务功能　专业与人文服务是一方能够向另一方提供的基本无形的行为，它是直接面对人的活动，它比产品质量、价格更容易深入消费者的内心。每一家企业都可以选择自己的服务类型，眼镜店的服务功能必须包含技术和人文两个方面。技术是指眼镜销售前的包括验光在内的一系列眼睛健康和屈光状态检查以及销售后的装配技术；人文是指企业为顾客提供的快捷、便利、人性化等特色服务。这两项服务与前面的销售就构成了眼镜店的基本功能，但这两者之间又是主次有别的，没有良好的技术，再好的人文服务也是零；良好的技术加上完善的人文服务才能构成眼镜店完整的服务。

专业服务中眼视光学的概念已成为主流，其是结合医学、生理光学、应用光学、生物医学工程等知识构成的交叉学科。其重点是开展视觉方面如近视、弱视、低视力，以及框架眼镜、角膜接触镜和屈光手术的基础和临床研究。由于视觉内容包括了光觉、色觉、形觉（视力）、动觉（立体视）、对比觉的检查，远远超出传统眼镜店技术服务中的视力检查内容。近年来，许多眼科医疗单位将视觉检查服务与眼镜店的其他功能相组合，产生了很强的竞争力。除此之外，许多眼镜零售企业还把其他好的服务功能融入眼镜店的功能中，如免费宽带上网、店内代办生日祝贺等，实现一店多能，增强吸引力，给消费者带来更新、更多的利益。

4. 管理功能　资源管理及利用功能实际是眼镜店的企业资源管理，它是眼镜店中不与消费者发生直接对话的内勤管理。眼镜店的企业资源包括有形资产、无形资产和人力资源。有形资产一般可以从企业的财务报表查到；无形资产是不能直接转化为货币的经营资产，如经营能力、技术方法和企业形象（信誉和知名度）；人力资源是指组织成员向企业提供的技能、知识以及推理和决策能力。只有管理功能发挥得好，眼镜店的竞争力才能得到很好的加强。

5. 社会视力保健　不可否定的是目前众多的眼镜店依旧是我国视力矫正和保健的主力军，具有分布最广、数量最多、多种形式的特点。

二、眼镜店分类

中国眼镜店的发展约有300多年的历史，最早的眼镜店出现在康熙年间的上海。随着社会发展和人们对眼健康的需求，当代中国眼镜店有了更多的形式和类别，可以以不同的角度进行分类（classification）：

1. 按企业性质分个体、合伙、全民、股份、合资、独资。
2. 按规模大小分单店、中小连锁、大型连锁。
3. 按服务方式分零售商业类、批零结合类、医商结合类。
4. 按销售模式分实体零售店和线上零售店。

随着社会的发展，除了传统眼镜零售店外，出现了很多能很好地满足人们视力矫正和其他需求的眼镜零售模式或形式，如互联网上眼镜零售店、快时尚、眼镜直通车、医院系统视光中心等。

互联网上眼镜零售商业已得到很大的发展，互联网上的眼镜零售商业与传统眼镜零售商业体系相比有其自身的独特优点。全新时空优势，在更大程度上、更大范围上满足网上用户及消费者的需求，事实上互联网上眼镜消费已没有了国界，也没有了白天与黑夜之分，全方位展示了眼镜产品或服务的优势。密切的用户关系，更深入地了解用户的优势。减少流通环节，降低交易费用的优势。

快时尚眼镜店，有高质量产品、超优质的服务、丰富多样的产品系列和时尚的款式、平民化的价格等特点，走较快的更新和时尚的地位的路线。

眼镜直通车，一般属于平价眼镜店的路线，大体均采用以平价、廉价来吸引消费者。通常在其所在城市的非黄金地段、非一流商铺开设大面积的眼镜零售卖场，卖场设计也基本模仿超市的经营格局，将大量的眼镜架和其他产品陈列在主要的卖场空间里，并且选择一些普通商品标出令人心动的价格，配合特别策划的广告宣传招揽顾客，其中一些商品的价格往往只有市场价的1/2甚至更低，有些甚至以低于进货价格进行销售。眼镜直通车有五个明显的特征：一是薄利多销；二是选择更自由；三是非黄金地段节约成本；四是配镜快速；五是宣传猛烈。

医院系统视光中心，借助医院的眼病专业优势开设视光门诊，并逐渐在眼科下建立了视光学亚专科，在一些医学院校建立了眼视光医学、眼视光学专业学科，形成完善的视光人才培养体系，有巨大的发展潜力。因为国内儿童和青少年的验光配镜大部分会选择在医院系统的视光门诊进行，尤其是对近视防治的重视，以后此比例还会进一步增大。

即使目前眼镜店或眼镜零售形式有多样和多类别，不管是传统眼镜店、线上眼镜零售、快时尚，还是医院系统视光中心，它们都具有各自的特点和专长，面对细分人群，扬长避短，发挥优势，一样能满足人们对眼健康保健的不同需求。

第二节　眼镜店的现状和定位

一、国际发展和现状

根据国际知名调研机构PRWEB发布的最新研究报告，全球眼镜行业市场销量将从2012年的27.5亿副增长至2020年的35.1亿副，产品年均需求增速超过3%。在消费规模方面，全球眼镜行业规模将从2013年的903亿美元增长至2020年的1422亿美元，行业规模年均增速约为6.7%（图1-1）。

资料来源：PRWEB

图1-1　2013—2020年全球眼镜行业市场规模预测

眼镜店的发展依旧与国家和地区经济发展的水平相对应，目前欧美的眼镜市场发展比较充分，形成注重品牌的连锁眼镜店和较大规模的眼镜生产厂家。近年来，中国的眼镜市场是最有发展潜力的，国际的眼镜生产厂家和连锁眼镜店利用资本和品牌的优势进入中国的眼镜市场，一方面推动了整个行业的竞争和发展，另一方面对我国的眼镜自主品牌和本土眼镜连锁店形成压力。

二、国内发展和现状

1．眼镜店早期发展　在中国的发展伴随着加工仪器和镜架的类型变革而进行，在20世纪90年代以前，自动磨边机没有进入中国时，零售店配镜全靠配镜师用手工切割打磨，绝大多数为简单全框玻璃眼镜。在20世纪90年代初，自动磨边机和树脂片进入中国市场时，因其价格昂贵，并且要改变当时零售店的销售观念和配镜做法，整整用了5年时间，零售店才接受自动磨边机，现在95%以上的零售店均采用自动磨边机和树脂片。自动磨边机和树脂片的普及，成为眼镜零售史上的第一次革命。

在自动磨边机和树脂片普及的时候，全框占总配镜量的95%以上，在半框开槽机及半框眼镜的工艺性难题未解决时，半框眼镜的市场占有率不到1%。当半框开槽机及半框眼镜的配镜工艺成熟后，比全框更时尚、轻便、优雅的半框眼镜市场份额急剧上升，现占总配镜量的40%～50%。半框眼镜普及之后，无框架眼镜也进行了发展。

2．眼镜店形式的发展　早期的眼镜店大多是手工作坊形式，很多是属于夫妻店，随着时代的发展，手工作坊扩大了规模，设备、人员和管理逐渐提高层次，目前尚有很多眼镜店依旧具有家庭、家族的特点。我国的眼镜店分布非常广，不仅在大城市，县一级的小城镇也有多家眼镜店，由于经营和规模化的需要，出现了很多眼镜店连锁，并进行眼镜店连锁品牌的推广，2010年出现第一家上市眼镜店连锁企业。

快时尚、平价眼镜店、线上眼镜销售、医院系统视光中心是发展的必然结果，因为原有的眼镜店模式和内容渐渐不能全面满足人们对眼健康保健和高质量生活的需求，这些形式的出现或多或少达到了某一方面的要求，今后的发展将会出现多种形式并行的格局。

3．我国眼镜店的规模和发展　据调查，我国戴眼镜人口约占全国总人口的30%，约有3.6亿人，按每3人中有1人每年更新一副计算，每年市场需求量就达1.2亿副，有近300亿元的产业总值。其中，青少年近视人群正在迅速扩大，已引起我国全社会的广泛关注与重视。据教育部、国家卫生和健康委员会、体育总局等五部委最近组织的一项全国学生体质健康调查结果表明，在2 000多万在校学生中，小学生近视率达31.67%，初中生达58.07%，高中生为76.02%，大学生高达82.68%。

目前中国眼镜生产企业超过4 000家，眼镜店的数量超过3万家，有一定规模的验光配镜店超过2万家。中国眼镜产业仍然存在产品结构不合理、设计和原创能力薄弱等缺点。其实，国内眼镜企业多以生产中低档眼镜为主，高技术含量、高附加值的高端眼镜也在逐渐发展。

近十年眼镜店的发展也体现出一些特点，如有些全国性和地区性知名眼镜零售企业的规模扩张和影响力已经达到了相当高的程度，而且还在继续提高。眼镜零售商店的数量已经显著增加，但大多数小型或非知名眼镜店的生存空间遇到了很大压缩。眼科医院或医院眼科越来越重视以验光配镜为核心内容的视光学服务，尤其是一些以知名眼科医院为背景的眼镜零售企业取得了巨大的成功。眼镜店的专业技术、经营水准、服务能力已经有了显著提高，当然包括店铺租金、装潢设备、员工薪资、广告投放经营成本也在明显增加，但业绩和利润却没有得到同步增加。眼镜零售行业的服务形式依然比较单调，传统的服务方式还在延续。那种个性化、差异化的眼镜零售服务还不多见。但是值得注意的是，一些新的眼镜经营方式：如视光学中心正在萌芽，它们似乎具有很强的生命力。

三、眼镜店在眼健康保健中的角色和地位

眼健康保健（eye health care）是健康中国的重要内容，是国民健康的重要组成部分，屈光不正的人群非常大，包括盲在内的视功能损伤严重影响人民群众的身体健康和生活质量，

加重家庭和社会负担，威胁社会经济生产活动，是涉及民生的重大公共卫生问题和社会问题。眼镜店是眼健康保健的主力军之一，对于我国眼健康工作的推进具有重要作用。

（一）我国眼健康保健的现状

1. 屈光不正的发生率　目前估计全世界视力损伤的人群为 1.8 亿，其中 4000 万～4500 万是盲人。根据流行病学调查，估计我国盲人数为 700 万，低视力患者数为 1200 万人。《全国防盲治盲规划（2012—2015 年）》中明确指出，我国依然是世界上盲和视觉损伤患者数量最多的国家，尤其儿童、青少年屈光不正日益突出。中国青少年近视患病率高达 50% 以上，受教育程度较高的人群近视患病率更是高达 85%～90%，我国近视人数已达 5 亿，近视已被称为中国的"国病"，影响了人口质量、国民生活水平。1999 年世界卫生组织和国际防盲协会提出"2020 年前消除可避免盲"的全球性战略目标。

2. "白眼病"的发病率远远高于"红眼病"　在我国眼病人群中，除了致盲性器质性眼病外，约 95% 的视觉损伤是因为功能性眼病，这其中包括屈光不正（近视、远视、散光、屈光参差）、斜视、弱视，还包括老视、过度用眼引起视疲劳、视频终端引起的视疲劳、干眼等，这就是我们现在所说的"白眼病"。这也是区别于大家印象中眼病就是眼睛出现红肿热痛症状（"红眼病"）的认识。

3. 眼健康新标准　随着眼科疾病谱的变化，从过去的"红眼病"到现在的"白眼病"，从过去的看病到现在的看健康，眼睛的健康标准也更加清晰明朗，眼睛不仅要看得清晰，还要看得舒服、持久、美丽，这就是新的眼睛健康的标准。未矫正的屈光不正是现在主要的视觉问题，很多人对视物模糊的状态习以为常，其实不然，眼睛看得清晰、看得持久、看得舒服，代表了生活质量、幸福指数。

（二）眼镜店在眼健康保健中的重要性

全球在影响视觉健康的眼部疾病中，视光学疾患占比达 95%，其中需要光学矫正的可避免盲，如屈光不正（近视、远视和散光）及老视占所有眼病的 70%（图 1-2）。眼镜店可以为屈光不正及老视人群提供光学矫正服务，因此，绝大部分可避免盲在眼镜店可以得到矫治。

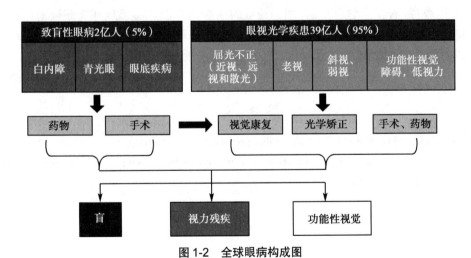

图 1-2　全球眼病构成图

（三）眼镜店在"分级诊疗"中的作用和地位

目前我国的医疗卫生需求与资源分配呈现的是"倒金字塔"格局，医疗卫生资源不能得到充分利用。《"十三五"全国眼健康规划（2016—2020 年）》明确指出："构建上下联动、紧密衔接的眼病防治工作网络，不断提升眼病防治服务能力。建立完善部门协作机制，充分动员社会力量，积极推动、参与眼病防治相关工作。"充分利用基层医疗机构的人才、技术和设备等资源，建立"分级诊疗"的保健服务和转诊网络，将会使基层的群众得到花费最小、获益最大的医疗保健服务。

分级诊疗模式可分为（图1-3）：

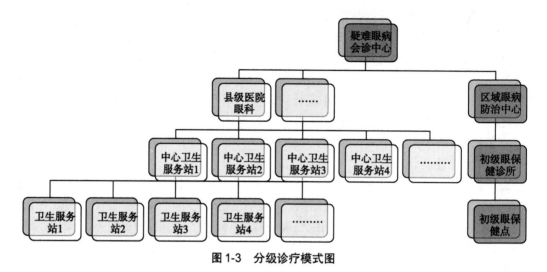

图1-3 分级诊疗模式图

一级：全民视力筛查与建档。

二级：高危人群筛查、转诊与视光学服务。

三级：医学验光、小切口白内障手术、低视力康复，青光眼、眼底病等常见致盲眼病诊治。

四级：疑难眼病诊治，网络会诊，人员培训，疾病监测，数据管理，防治策略制定等。

眼镜店作为初级眼保健点，可为患者提供初级眼保健服务，做好眼病筛查及转诊工作。

（四）眼镜店在眼健康科普宣传中的作用

《"十三五"全国眼健康规划（2016—2020年）》要求："动员社会各界广泛开展眼病防治健康教育，根据不同人群和不同眼病特点，通过广播、电视、报纸、网络以及其他新媒体等方式开展宣传教育，普及眼健康知识，增强公众眼病防治意识。"眼镜店作为眼保健结构，邻近社区，与大众联系更加密切，且数量多，具有一定的眼科专业基础，因此可作为眼健康科普宣传工作中的一个重要环节。

（毛欣杰）

参 考 文 献

Fricke TR, Jong M, Naidoo KS, et al. Global prevalence of visual impairment associated with myopic macular degeneration and temporal trends from 2000 through 2050: systematic review, meta-analysis and modelling. Br J Ophthalmol, 2018, 102（7）: 855-862.

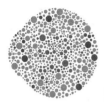

第二章 眼镜店的筹建准备

本章学习要点

1. 掌握 眼镜店的商业策划。
2. 熟悉 眼镜店的选址内容、设备的选择与购置及店面设计与装修。
3. 了解 各项证照的申报内容。
4. 运用 眼镜店的商业策划及眼镜店的选址。

第一节 眼镜店的商业策划

电子商务、物联网、大数据及人工智能等新生事物不断冲击着传统观念，新兴行业层出不穷，传统行业的商业模式也在不断被颠覆。眼镜店的定义也不再是传统的"配眼镜的场所"，快时尚、专门店、眼视光门诊、网店等新型概念店不断出现。面对众多类型的眼镜店，精准的商业策划将决定眼镜店经营的成败。

一、商业策划的四个核心要素

一般情况下，商业策划（business planning）主要围绕客户价值主张、盈利模式、关键资源和关键流程这四个核心要素制定。

1. 客户价值主张 对于眼镜店而言，客户的价值主张与眼镜店的核心竞争力有关，也决定了眼镜店的市场定位。如果眼镜店的商品结构有优势，比如新鲜度、时尚性等都优于同一区域的其他竞争对手，这时候应该采用的策略是定位于有一定消费能力且追求时尚的细分人群，如25～35岁的女性。如果眼镜店的验光技术能力突出且有医疗资质，那么12～18岁的学生群体才是最佳的人群定位。

2. 盈利模式 传统眼镜店的盈利通常是通过商品的销售获得的，眼镜店在商品销售中的作用是商品使用价值的传递，商品的生产商将产品交给眼镜店，眼镜店卖给消费者，消费者在为得到商品而支付的价格高于眼镜店采购商品的价格的部分就是眼镜店的利润。新型眼镜店由于功能的增加，盈利模式已经与传统的眼镜店大相径庭，通过创造客户的附加价值并获得客户认同后再取得盈利，这时候眼镜店给客户提供的价值除了商品的使用价值外，更多的是客户的心理诉求——如有效控制学生群体近视发展的解决方案——这是客户的核心利益。眼镜店的利润来源也因为价值提供的多样性而更加丰富，包括私人定制、技术收费等新的盈利模式日益普及。

3. 关键资源 资源是任何经营活动实施的关键要素，眼镜店运营中要用到的资源包括：商品、商业地产、适量资金及从业人员等，这其中最为关键的资源是人力资源，人员的经营能力、对资源的整合能力、技术应用能力等，一定程度上决定了眼镜店的发展方向。

4. 关键流程　不同的商业活动,运行流程也千差万别,但这些流程在商业活动中的作用是相同的,即确保商业目标的实现。眼镜店运营的关键流程需要结合眼镜店的基本属性进行确定,如果定位于时尚人群,供应链管理流程就是眼镜店的关键流程,如果定位于近视防控人群,技术应用流程才是眼镜店的核心。当然,眼镜店的规模也对运营流程有一定影响。

二、商业策划拟定时的五个关键点

结合商业模式的四个核心要素,拟定眼镜店的商业策划书时,一般要关注如下关键点:

1. 目标人群及其高频消费场所　这个关键点由眼镜店的定位决定,眼镜店与同业比较的竞争优势是什么?眼镜店想进入哪个竞争范围?以及眼镜店在区域市场形成的消费者印象(即我们通常说的品牌认知度)形成了眼镜店的市场定位,这对目标人群的选择及眼镜店开设地点有一定的影响。

2. 资源整合　眼镜店的建立需要很多资源:①人力资源:其中包括运营负责人、技术人员及销售人员等最基本的人员组合,同时还包括财务、物流等运营支持系统的人员,如果眼镜店的规模足够大,可能还要有专门的市场拓展人员等;②商品及经营用仪器设备:要结合眼镜店的市场定位进行匹配,开发适合眼镜店的供应商;③消费场景设计:不同的人对消费环境有不同的需求,消费现场的功能布局、动线规划、商品陈列甚至环境的明暗度都对消费行为有微妙的影响;④资金:是必不可少的一个资源,可以有不同的来源,自主投资、商业贷款、寻求风险投资、开发创业合伙人等是获得资金的重要途径。

3. 运行流程设计　一般眼镜店的工作人员从一两人到数十人甚至数百人不等,远不及大型综合商业体的规模,但眼镜店运营中要开展的工作却极其丰富,从最基本的商品结构管理到市场开发及人力资源建设是眼镜店的日常运营内容。眼镜店的规模扩张及可持续发展必须有完善的运行流程做保证,商品管理流程、技术实施流程、客户服务流程、财务制度、行政管理流程等是眼镜店运行的基本流程。

4. 确定眼镜店的经营目标　经营目标是企业管理的核心。眼镜店的运行也要以经营目标为导向,围绕经营目标制订相应的工作计划。经营目标是在所有商业活动开展前制定的,具备具体性、可衡量性、可实现性、相关性及时间性的特征。眼镜店在实施经营活动中,所有的经营活动都要与经营目标进行匹配比较,确定经营活动与经营目标的一致性,从而确保经营目标的实现。

5. 商业价值评估　从确定要建立眼镜店到最后关闭眼镜店,商业价值评估贯穿眼镜店的所有运行活动。眼镜店建立前,要评估的是眼镜店的市场定位是否足够清晰;预期的盈利模式是否能给眼镜店的可持续发展带来利润;眼镜店选择建立地点时,要对目标店址的商业环境进行评估,包括商圈的人口结构、商圈的发展状态等是否与眼镜店的市场定位相匹配;同时还要结合租金状况、商圈情况对眼镜店未来的产出有初步的预测,预计眼镜店实现盈亏平衡的时间;在对新店进行装修装饰时,要对工程有明确的费用预算,同时对眼镜店的整体装修格局进行规划,确定是否满足主要细分人群的环境需求;在眼镜店的运行中,眼镜店还需要对经营数据进行采集评估,判断经营状况并进行相应的调整,一般评估的指标包括:经营指标达成率、利润及利润率、消费比、商品周转率、人均贡献度、劳动分配率等;当眼镜店长时间无法实现经营目标时,眼镜店还需要进行闭店评估,要结合眼镜店的市场目标、区域市场的发展潜力及退出成本对眼镜店存在价值进行评估。

第二节　眼镜店选址

眼镜店在建立新门店时,应对目标市场进行调研,同时为选址(location selection)建店做准备。眼镜店店址的选择是开眼镜店前期必须考虑的重要因素之一,它是以商圈分析为基础的。眼镜店开设地点被视为开业前的重要工作之一。因为选定开设地点,决定了眼镜店可以吸引有限距离或地区内潜在顾客的多少,这也就决定了店面经营的绩效,从而反映出眼镜店选址地点作为一种资源的价值大小。

一、确立目标市场

根据企业的经营方向及目标顾客群的定位,眼镜店的类型有如下几种:

1. 大型中高档购物中心,属于店中店。
2. 集中购物商圈的单独店铺,属于街面店。
3. 位于学校集中的周边地区,属于学校社区店。
4. 位于城市中心边缘地区的购物商圈,属于路边店。
5. 位于社区内购物集中区域,周边居民人数 10 万人左右,属于社区店。
6. 在眼科专科医院或综合医院眼科附属的店,属于医院视光中心。

二、商圈的类型

(一)集中型商圈

1. 商圈内流动人口在每分钟 30 人次以上。
2. 商业集中且范围大。
3. 与本产业有增益性的行业多,且规模大。

(二)分散型商圈

1. 商圈内流动人口在每分钟 20 人次以上。
2. 商圈内定人口多(约 100 000 人以上),且相对集中。
3. 区内的建筑物密集。
4. 商铺集中且范围适中。

(三)商圈考察和店铺背景调查

商圈背景调查分为:选址环境调查、商业环境调查零售商业状况、市场调查、竞争店调查,具体内容见表 2-1。

表 2-1 商圈背景调查表

市场调查	内容	方法手段	资料
选址环境调查	周边状况、环境的把握,包括位置地形、建筑概况、交通情况调查与描述及未来的前景分析,是否拆迁等	现场实地调查,参照地图、照片等有关城市规划,用地计划等的调查	地图、城市地区规划图
商业环境调查零售商业状况	零售额、面积、行业把握,人口就业构成,收入水平等有关零售商业的地区性的把握、中心性、广域性、商店衔接性、大型店状况等	各地区的有关指数商业力指数计算 b市零售额/b市人口商业力指数=a区零售额/a区人口	商业统计资料等各地商业界报告,消费动向调查
市场调查	商圈规模、范围等的把握及商业容量的测定	消费支出的调查	现有店铺的各种数据(顾客数、平均单价)
竞争店的调查	竞争店营业力的把握	调查、考察(面积、停车能力、经营商品、位置)	地区内的各类商业信息

根据以上调查指定该地区的门店布局计划。

三、目标市场的调查

（一）所在商圈同业店的品牌名称

1. 同业店的知名度及数量。

2. 同业店的商品结构及经营情况。

3. 同业店的规模。

4. 增益性行业门店经营状况。

（二）地点选定的主要条件

1. 有规模的商业核心区域、社区集中商圈。

2. 经营面积以使用面积 $80\sim150m^2$ 为宜。

3. 较宽的门面跨度。

4. 租金及支付方式。

（三）店铺选择的要素

1. 有人气的商圈或店面附近。

2. 人流走向的咽喉地带。

3. 主要交通干道的路口。

4. 平均人口流动 50 人次 /min 为最佳。

5. 铺前的停车位数量。

6. 注意街面上的隔离栏杆和商场内距电梯的距离。

（四）目标场地的条件

1. 租赁必须具备的条件及出具的证件（如产权证明、持有人身份证明等）。

2. 合作的方式。

3. 合作的条件。

4. 免租期限（一般所指装修免租期）。

5. 消防资质。

（五）目标场地的状况

1. 是否有拆迁的可能。

2. 是否可以满足基础需求（如水、电、网等）。

3. 现有可用基础装修情况。

4. 此目标场地上一行业的经营情况及 / 或相邻场地的经营情况。

四、合同签订

（一）租赁谈判须知

1. 损益平衡点的预估。

2. 租金不高于周边同等或相似店面租金为宜。

3. 确定租赁方式或合作方式（如纯租金、纯分成、保底加分成、股份合作等）。

4. 合同签订年限。

5. 免租期（一般所指装修免租期）。

6. 房产所有人需提供房屋所有权及出租权限的相关资质证明。

（二）签订租赁合同的注意事项

1. 租期　一般至少三年以上。

2. 租金　一般前三年不调整租金，第四年开始按区域内租金情况调整，调整比例在 5%～15% 为合理，调整应结合商业地产市场价格变动进行上下浮动。

3．押金　可不提供或约定押金退还日期，一般为一个月租金。

4．租金支付方式　结合房产所有人的要求与其约定租金支付周期，一般以一年为支付周期，在租赁起始日前支付，支付周期短，对眼镜店更为有利。

5．退租时租金计算　按双方约定解除租赁合同，如有多支付租金或押金等，房屋所有人应在扣除约定的补偿后返还。

6．同业限制　商场中的店中店，只允许一家经营为宜或约定最多相近类型门店数量。

7．如遇不可抗拒因素导致眼镜店无法经营的，场地所有人需退回眼镜店的剩余租金，如有补偿，应事先约定补偿归属方。

五、拟订商圈报告各分类项目的说明与界定

（一）该区住户人口收入

1．高收入　达平均国民收入4倍以上所占比率。

2．中上收入　达平均国民收入2倍以上所占比率。

3．平均每户全年收支情况表与图（政府部门有）。

（二）该区往来、居住人口的消费习惯

1．便利性、服务品质的概况。

2．习惯消费。

3．年龄分配情形。

4．教育程度分配表与图。

（三）市政规划变动

1．市政规划在近期内是否有拆迁变动。

2．未来的商圈、人员变化。

（四）人流状况（实地抽样方式）

1．主要人流走向（有效人群）。

2．平日及假日的人流状况　将一周的时间区分为2段：周一～周五；周六、周日或法定节假日。其方法如下：

（1）以上午9点～晚上9点每2h细分为一个小段，起始时间视实际情况。

（2）以15min为其抽样时段的样本，并计算其抽样点的实际经过人数。

（3）抽样时将人流分为青少年、上班族、家庭主妇。

（4）将每次抽样数转变成以2h的人流流动数。

3．客流状况

（1）目标店前的客流数量。

（2）周边枢纽的客流数量。

（3）周边商业的客流数量。

（4）为进门目的行经的路线。

（5）为休闲、购物目的行经的路线。

（6）为出门目的行经的路线。

（五）建筑物、商店分布资料

1．商店特色及分布情况

（1）建筑形态：于主要商店街、主要干道上的建筑形态及其高度；新大楼与旧式建筑的分布；目前的改建情况；1～3年内可能改建的趋势。

（2）行业形态：于主要商店街、干道的行业类型；以何产品为主，贩卖产品的层次。

（3）分布家数：以抽样点的平行道路为主要调查对象；主要道路的商店分布明细；可与

本企业连锁店有互补作用的零售门店；于主要干道、大马路相同商店的家数；商店汇集地带的概述；以商店(辅助店、竞争店)正确所在位置标注于商圈简图。

2. 住宅特色(集中型商圈可不用调查)　实地了解于本商圈内住宅区的建筑形态、建筑高度、楼数(来往人群的收入水平)；建筑形式为新式或旧式(用于何种商业用途)；分布区域(是否集中)；目前的改建情况；1～3年内可能改建的趋势。

3. 竞争者分析

(1) 卖场气氛：本区内对本企业较有影响性的竞争店，其卖场气氛、购物环境、服务态度。

(2) 成交数：该竞争店每日的成交客户数。

(3) 平均消费额：了解该店的各类顾客数与消费金额比例，根据此比例再分别乘其价格，加总后求其平均值即为平均消费额。

(4) 营业额：成交数×平均消费额＝每日营业额；每日营业额×每月工作天数＝每月营业额。

(六) 抽样调查的方式

1. 抽样地点的选择

(1) 办公人口或上班族汇集的地点(设店的地点)。

(2) 人流走向汇集地点。

(3) 固定人口较集中流动的地点。

(4) 可能形成未来的商店群的地段。

2. 预定3～4个抽样点，其中尽量以一个抽样点为同性质的商店。

3. 以填写《市场调查表》的方式。

(七) 商圈未来发展潜力及结论

1. 发展情况

(1) 未来政府的行政中心、大型休闲集客场所的建造。

(2) 未来捷运系统、交通运输中心所在点。

(3) 大型办公大楼、商业中心等的建造。

(4) 市场规模。

2. 结论　根据以上各种调查的资料，最后作结论时，最好能明确地将资料整理出下列5项重点加以说明：

(1) 门前人流状况。

(2) 经过方式、交通状况。

(3) 目的顾客、商品组合。

(4) 费用预估。

(5) 优缺点分析。

第三节　各项申报

眼镜店作为独立的经营实体，需要在国家相关法律法规的规定下办理相关的证照，唯有此才属于合法经营。办理相关证照是眼镜店开业前一项重要的工作，但根据眼镜店所在行政区的不同，在办理的流程上会有差异。

一、眼镜店所需要的证照

眼镜店既具有商品销售的属性，又具有专业技术的属性。所有商业零售店都需要的证照，称为普通证照；只有眼视光门诊才需要的证照，称为专业证照。眼镜店所需要的证照大致分为以下两类：

（一）普通证照

1. 营业执照 营业执照相当于一个公司或者商户的身份证明。有此证照，表明具备开业的资格了。所以，办理营业执照是办理各种证照的第一步。

2. 税务登记 取得营业执照30天内可向当地税务局申请办理税务登记。

3. 银行开户 到当地任意银行即可办理。

（二）专业证照

1. 医疗器械经营许可证 自2005年9月起，国家食品药品监督管理总局规定隐形眼镜属于第三类医疗器械，而要销售医疗器械就须申请取得医疗器械经营许可证。因此，眼视光门诊要销售隐形眼镜，就必须依法取得医疗器械经营许可证。

2. 从业人员所需要的证照 自1999年起，国家人力资源和社会保障部规定验光配镜人员必须持证上岗。验光人员必须获取验光员职业资格证书，加工人员必须获取定配工职业资格证书，才能够从事验光配镜工作。

此外，其他特殊岗位的人员也需要持有国家规定的资格证书。如财务人员，需要有会计从业资格证书方能从事此工作。

二、证照办理流程

1.《营业执照》办理流程

营业执照是工商行政管理机关发给工商企业、个体经营者的准许从事某项生产经营活动的凭证。其格式由国家工商行政管理局统一规定。营业执照取得，是眼镜店成立的重要法律依据。办理流程如下：

第一步：受理窗口填写《名称预先核准申请书》后核准企业名称；

第二步：填写《企业设立登记申请表》；

第三步：递交《名称预先核准申请书》和《企业设立登记申请表》及需要提交的相关材料受理；

第四步：受理后5个工作日领取《企业工商营业执照》；

第五步：刻公章（凭营业执照，到公安局指定的刻章窗口刻公章、合同章、财务章）；

2.《医疗器械经营许可证》办理流程

医疗器械经营许可证是医疗器械经营企业必须具备的证件，如眼镜店经营范围有隐形眼镜，就务必要到当地（食品）药品监督管理部门取得《医疗器械经营企业许可证》，依法经营医疗器械。办理流程如下：

第一步：先网上提交申请材料；

第二步：网上申请合格后到市食药监局提交纸板材料；

第三步：专家现场验收；

第四步：专家现场验收合格后，网上自行打印许可证即可。

3.《医疗机构执业许可证》办理流程

医疗机构，是指依法定程序设立的从事疾病诊断、治疗活动的卫生机构的总称。这一概念的含义：第一，医疗机构是依法成立的卫生机构。第二，医疗机构是从事疾病诊断、治疗活动的卫生机构。第三，医疗机构是从事疾病诊断、治疗活动的卫生机构的总称。我国的医疗机构是由一系列开展疾病诊断、治疗活动的卫生机构构成的。眼镜店要开展眼科诊疗，就需要到当地卫生部门，依法取得《医疗机构执业许可证》。办理流程如下：

第一步：窗口登记勘验——选址阶段；

第二步：医疗机构设置批准阶段；

第三步：窗口登记申请医疗机构执业许可证（副本）；

第四步：现场勘验合格，窗口申请医疗机构执业许可证（正本）。

三、办理证照的注意事项

（一）证照办理顺序注意事项

眼镜店能否合法、顺利地运营，取得相关的证照是关键。因涉及的证照比较多，所需要准备的申请资料更多，有些证照的办理非常耗费时间和精力。为不影响正常运营，在申请办理时需要合理安排好顺序。要本着"先易后难，先重要后次要，花费时间长的先行办理"的原则来办理。

1. 从业人员的资格证书需要先行办理　在申办《医疗器械经营许可证》时，需要用到验光人员和定配人员的资格证书，而获取验光、定配人员资格证书则需要一定的周期。在申办《医疗机构执业许可证》时，需要主要负责人根据申请执业范围取得相应的《医师执业证书》后，连续从事本专业临床工作五年以上、身体健康并能够亲自主持医疗管理工作。所以，在开店准备时要充分考虑这一点。

2. 营业前做好普通证照的办理　国家一直在降低创业的门槛，所以，只要具备一些基本的要求和条件，普通证照相对比较容易办理。因此，在开始装修前做好普通证照的申请，基本上都能够在正式营业前取得这些证照。

3. 做好申请专业证照的前期准备工作　相对而言，办理专业证照所花费的时间和需要准备的工作都比较多。要根据当地主管部门的一些规定，以及根据医疗机构执业许可证及医疗器械经营许可证的细则要求，做好相应的准备。力求在开始营业之后能够尽快申办下来。

（二）普通证照办理注意事项

1. 核名　从工商局领取一张"企业（字号）名称预先核准申请书"，填写眼镜店（或眼镜店公司，以下都称为眼镜店）的名称，由工商局上网（工商局内部网）检索是否有重名。如果没有重名，就可以使用这个名称，工商局会核发一张"企业（字号）名称预先核准通知书"。

2. 租房合同　如果眼镜店的经营场地不属于自有房产，则要签订租房合同，并让房东提供房产证的复印件。

3. 注册及申请营业执照　到工商局领取眼镜店设立登记的各种表格。包括设立登记申请表、股东（发起人）名单、董事经理监理情况、法人代表登记表、指定代表或委托代理人登记表。填好后，连同核名通知、公司章程、房租合同、房产证复印件、验资报告等一起交给工商局。

4. 办理税务登记和领取发票　领取到营业执照之后，30 日内到当地税务局申请领取税务登记。办理税务登记证时，必须要有一个会计，因为税务局要求提交的资料中，有一项是会计的会计资格证和身份证。并到当地国家税务总局领取发票。

（三）专业证照办理流程注意事项

1. 医疗器械经营许可证办理注意事项　先网上申请合格后到当地食药监局提交材料：

（1）《医疗器械经营企业许可证申请表》。

（2）工商行政管理部门出具的《企业名称预先核准通知书》或《工商营业执照》。

（3）申请报告。

（4）经营场地、仓库场所的证明文件，包括房产证明或租赁协议和出租方的房产证明的复印件。

（5）经营场所、仓库布局平面图。

（6）拟办法定负责人、企业负责人、质量管理人的身份证、学历证明或职称证明的复印件及个人简历。

（7）技术人员一览表及学历、职称证书复印件。

（8）经营质量管理规范文件目录。

（9）企业已安装的产品购、销、存的信息管理系统，打印信息管理系统首页。

（10）仓储设施设备目录。

（11）质量管理人员在岗自我保证声明和申请材料真实性的自我保证声明，包括申请材料目录和企业对材料作出如有虚假承担法律责任的承诺。

（12）企业申报材料。

2. 医疗机构执业许可证办理注意事项

（1）选址阶段：在当地行政审批部门登记勘验，按所办的医疗机构性质做好合理规划及绘制规划的图纸，最后专家进行现场勘验。

（2）设置批准阶段：选址勘验合格后，办理营业执照（经营范围含有医疗诊治），如审批面积超 300m²，应该先期到消防部门办理消防手续及办理环评备案手续，按专家组审核通过的规划设计装修。

（3）申请医疗机构执业许可证（副本）：装修结束后再次到当地行政审批部门登记申请进行二次现场勘验，提交医疗机构执业许可证的申请材料及办理环评备案，如审批面积超 300m² 到消防部门办理消防竣工验收手续。

（4）申请医疗机构执业许可证（正本）：二次现场勘验合格后，持医疗机构执业许可证副本注册机关医师、护士等组织专家进行现场三次勘验，勘验合格，补齐医疗机构执业许可证申请所需要材料，最后取得医疗机构执业许可证正本。

3. 从业人员证照办理注意事项　专业人员证照办理是通过参加当地人力资源和社会保障局组织的职业技能考试来获取相关职业资格证书；或者是参加相关的视光职业培训学校，但也要通过学校所在地的人力资源和社会保障局的考试，才能获取相关的职业资格证书。

第四节　设备选择与购置

一、眼镜店设备的基本配置

目前，国家对于眼镜店仪器设备的配置没有硬性的规定和要求。"工欲善其事，必先利其器"，从眼镜店基本运营和发展的角度出发，介绍所需仪器设备的基本配置。

（一）验光设备的基本配置

按照标准的验光流程，可以分为客观、主观验光所需的设备。

1. 客观验光所需设备　基本的设备配置为电脑验光仪和检影镜。电脑验光仪包括半自动和全自动两种，但就功能而言，两者实质上相差不大，可根据自己的购置预算做出选择。检影镜包括带状光和点状光检影镜两大类，从发展趋势和使用的便利性来看，主流的配置为带状光检影镜。

2. 主观验光所需设备　基本的设备配置为综合验光仪、视力表投影仪和镜片箱等。对于主观验光而言，最重要的设备为综合验光仪。眼镜店是否配置有该设备及能否良好的使用，决定了该店的专业水平。综合验光仪分为半自动和全自动两种，但从操作的方便性、可直观性及性价比等方面来比较，半自动综合验光仪更适合眼镜零售店。

综合验光仪通常需要配合视力表投影仪或魔术视力表箱来使用。两者各有优缺点，现在市场上主流的选择为视力表投影仪。

验光之后通常需要进行试戴，这就涉及镜片箱的使用。不同镜片箱的主要区别在于试镜片的数量、镜片的直径和材质等。

（二）加工设备的基本配置

近些年来，加工设备发生了翻天覆地的变化，特别是磨边机。磨边机也分为半自动和全自动磨边机两大类，但与电脑验光仪和综合验光仪所不同的是，从功能性、实用性及精准性的角度来考虑，半自动与全自动磨边机的差异则非常大，全自动磨边机的功能更强大，相对而言精准度更高，更为实用。

磨边机的发展趋势逐步趋向于全自动化、智能化、精确化及快速化，对于一个加工师而言，今后会越来越依赖磨边机，或者说今后磨边机在加工过程中所发挥的作用将会越来越大。

加工和质检车间中另外一个重要的设备是焦度计。焦度计可分为目视式和投影式（电子焦度计）两大类，由于两者在功能上和方便性上存在巨大的差异，现所使用的主流产品为投影式，这也是今后的发展趋势。

如果使用的是半自动磨边机，则需要配套使用定中心仪。磨边机、焦度计和定中心仪，这三者直接决定了加工的精准性。

（三）视觉功能检查与训练相关设备

随着眼镜店视觉功能检查及训练项目的开展，除了配置综合验光仪外，还需要配置同视机、近用 WORTH4 点灯、Flipper 双面镜视力卡、大小字母表、聚散球、BO 立体镜、救生圈卡、偏心同心圆卡、红绿可变矢量图、裂隙尺、偏振立体视图、脱抑制卡、单侧倾斜实体镜、红绿眼镜、偏振眼镜、红绿阅读单位、偏振阅读单位等视觉功能检查与训练相关的设备。

（四）接触镜验配相关设备

在给顾客验配接触镜时，除了要检查角膜的整体状况，还要对接触镜进行配适评估，这些都离不开裂隙灯。裂隙灯是眼镜店中非常重要的辅助检查设备。除此之外，为给顾客选择合适的接触镜，角膜曲率计也是一件不可或缺的检查设备。相对于软性接触镜，验配角膜塑形镜等硬镜所需的设备和场地则更为严格些。除了角膜曲率计之外，尚需要角膜地形图、可视裂隙灯、电脑验光仪、综合验光仪等仪器作更进一步检查。

（五）眼健康检查相关设备

虽然眼镜店的主要职能是验光与配镜，但为更好地辅助验光，也需要部分眼科相关的检查设备。在做眼部检查时，除了之前提及的裂隙灯可以进行眼前段的检查，尚需要检眼镜对眼后段进行检查。除此之外，一些专业度比较高的眼镜店尚有非接触式眼压计、眼底照相机等更为专业的设备。但从功能上讲，并不是眼镜店所必需的设备。

（六）新技术应用

随着人工智能技术的发展，人工智能（artficial intelligence）、VR（virtual reality）等虚拟现实设备，可以实现智能视力检测、数字远程筛查功能；让购买者亲身感受体验式消费的过程。

（七）门店运营的其他设备

随着信息化的不断深入，电脑在眼镜店的管理和营销中发挥着巨大的作用，特别是在财务、物流、产品及专业的管理应用中，成为眼镜店中不可或缺的设备。平板电脑可以将产品和技术的相关视频、画面、文字等内容和针对消费者的互动体验整合在一起，而且具有轻便等特点，能够非常直观和清晰地向顾客推荐、展示和体验零售店内的产品和技术。

二、眼镜店设备的购置

（一）资质审核

如何能够放心地购买合格的设备？对于仪器设备没有深入研究的购买者，很难作出判断。而设备的资质就相当于是购买者的防火墙，在购买之前要对所购买设备的资质有所了解，再作出决定。

资质可以分为三类：

1. 设备本身的资质 通过这些资质可以判定该设备是否合格，以及所检测的度数是否准确，能否达到国家所规定的计量标准和要求等。这些资质主要包括：

（1）医疗器械注册证：相当于是该设备的身份证。获得该证书，即表明已对该设备的安全性和有效性进行了系统的评价，国家相关管理部门允许该设备出售。

（2）计量器具型式批准证书：每一种计量仪器，如焦度计、电脑验光仪以及综合验光仪等，都需要经由省级以上人民政府的计量行政部门对该设备的计量性能进行抽检考核，合格后发放此证书。

（3）医疗器械产品注册登记表：通过该表，可以对该设备的型号、性能、规格以及适用范围等有一个详细的设备配置清单，通过清单，可以对该设备的详细配置进行核对，确保清单和实物相符。

2. 关于生产厂家的资质 通过这些资质，可以了解到所要购买设备的生产厂家，是否具有生产和销售这些设备的资格，以及生产厂家的合法性等。

（1）税务登记证：从事生产、经营的纳税人向生产、经营地或者纳税义务发生地的主管税务机关申报办理税务登记时，所颁发的登记凭证。是国内生产厂家最基本的资质证明。

（2）企业法人营业执照：是该生产厂家合法经营权的凭证。分正本和副本，两者都具有同等法律效力。

（3）组织机构代码登记证：它是每个依法注册，依法登记的机关、企业、事业单位和群团组织所颁发的一个在全国范围内唯一的始终不变的代码标识。如果说营业执照是某个生产厂家的身份证，组织机构代码则是它的身份证号码。

（4）税务登记证、企业法人营业执照、组织机构代码登记证（营业执照三证合一）、开户许可证，进口设备报关单、完税单。

3. 销售商资质 在购买设备时，有些是直接通过生产厂家所购买；而有些则是通过生产厂家所成立的销售公司或由其授权的代理商进行购买。对于后者，则需要查看生产厂家的授权证书，销售公司或其授权的代理商营业执照（三证合一）、开户许可证。

（二）购买时的注意事项

即使是查看了以上所述的资质，但并不意味着高枕无忧，在以下方面仍需要注意：

1. 设备试用 当有计划采购某种设备时，设备使用部门需要对该设备进行试用，并填写《设备试用报告》，报告中对使用情况进行描述，并提供是否采购的意见。

2. 签订购买合同 购买合同的签订，实质上是为购买者提供了一份法律上的保障文书。

3. 索取正式购买发票 发票与购买合同共同构成了法律保障。

4. 明确售后的处理方法 任何设备，都会涉及保养、维修、升级等一系列售后问题。在购买之前，一定要将可能会出现的售后问题罗列出来，如：供应商提供的装机培训；质保期内供应商维护的项目；超出质保期供应商提供维修费用的标准。同生产厂家或代理商沟通并以书面的形式确认下来，最好能够写入购买合同中。

（三）使用中的注意事项

1. 设备应置于常温环境中使用，避免阳光直射。

2. 设备放置于稳定、水平的平面上使用。

第五节 店面设计与装修

店面设计与装修（store design and decoration）（以下简称店面装修）是公司经营活动的重要组成部分，是为顾客营造良好的消费环境的主要举措之一。有效控制设计装修成本，提高装修效率,满足门店运营的功能需求,实现经营环境的统一视觉识别(visual identity,VI)是门店装修的核心元素。VI 的基本含义:VI,即视觉识别,是眼镜店识别系统中最具传播力和感染力的层面,是将眼镜店文化与经管理念统一设计,利用整体表达体系(尤其星符号系统),传达给眼镜店内部与公众,使其对眼镜店产生一致的认同感和良好的印象,最终促进眼镜店形象的宣传和产品的销售。

一、店面设计的目的

店面设计,又称店面环境设计,是人为环境设计的一个主要部分,是建筑内部、建筑外部空间理性创造的方法。眼镜店设计的含义可以简要地理解为:运用一定的技术手段与经济能力,以艺术为表现形式,达到舒适、美观的环境目标,满足眼镜店的功能需要。

随着时代的发展,店面设计一方面随着相关市场的逐步成熟而得到发展,另一方面,新材料、新技术和新结构等技术成果不断被推广和应用,以及声、光、电的协调配合,也将使店面设计升华到一个新的境界。

二、店面空间的类型与特点

(一)店面空间的类型

眼镜店根据自身属性的不同,店面空间从设计的角度也有所不同,大体分为传统商业店、快时尚、视光中心等。

(二)店面空间的特点

1. 门面、招牌设计　眼镜店给人的第一视觉就是门面,门面的装饰风格直接显示了眼镜店的特色、档次,是吸引顾客的重要手段,同时也是市容市貌的一部分。

2. 橱窗设计　吸引顾客、指导购物、艺术形象展示。

3. 商品展示设计　POP 展示。

4. 货柜设计　地柜、背柜、展示柜。

5. 卖场货柜布置　尽量扩大营业面积,预留宽敞的人流动线。

6. 建筑物承重梁、柱、墙的处理　淡化梁、柱的形象,结合建筑物结构特点做陈列展示。

7. 营业环境处理　天花、墙面、地面、照明、色彩。

8. 功能区设计　符合建筑布局特点及眼镜店的功能定位。

(三)店面功能

1. 展示性　指商品的分类,有序的陈列,以货柜形式展示商品。

2. 服务性　指销售、洽谈咨询、检查验光等行为。

3. 专业性　指附属设施的提供,设置展销、检查、验光、加工、维修等场所。

4. 文化性　指企业传播信息的媒介和文化场所。

5. 体验性　指客户在售卖区域从硬件到功能性商品的体验。

三、店面空间设计

(一)店面基础设计

1. 店面建筑条件分析　店面建筑特征决定设计方案,首先包括房型、朝向等因素,以及各功能区的联系。卖场建筑特征还包括具体尺寸,由测量尺寸决定。

测量房屋注意:直线长度无误、角度无偏差、测量房屋高度、测量门窗阳台、空调洞、落水管、进户门开启方式等细节,明确连接关系、准确测量水电管路及连接关系,并绘制初始平面图。

2. 水电暖通条件分析

(1)进水管设计:室内水管走向、连接和出口位置。

（2）排水管设计：根据洁具位置、室外排水管、室内排水洞的位置和洁具高低尺寸确定。

（3）电路设计：根据设计载荷要求，按照国家规范进行灯具线路设计、插座线路设计和弱电设计。电器电路图、灯具电路图、配电系统图、立面图、剖面图、平面图、特殊工程图、地面施工图、天花施工图、陈列柜组装图、门头施工图、排风图、空调图。

（4）暖通设计：根据房屋特征确定出风口、进风口位置，然后在考虑自身产品的基础上确定风管走向和连接。

3．店面照明设计分析

（1）灯光设计的基本原则：光照是人们感受卖场空间综合要素的必要前提，卖场内部空间是否赏心悦目、商品是否突出、展示形式是否标新立异是灯光设计的基本原则。

（2）灯具选用的基本标准：眼镜店卖场的灯光基本上分为两个功能：实用性和装饰性。为使顾客在选择镜架、试戴、验光等过程中有适合的照明条件，必须在设计时就考虑各种可能性。根据眼镜店各个功能区域，需要配备以下几种照明光源：

1）背景照明：为整个空间提供一定亮度，烘托气氛，一般选用日光型节能灯。

2）展示照明：为柜架及玻璃柜台提供局部集中照明，一般选用瓦数较高的射灯（35～70W）。

3）装饰照明：辅助空间照明，如天棚灯池、柜台底部灯带、货柜装饰灯带等。一般选用LED灯。

4）装饰性射灯：常选用4 000～4 500K暖光。

（二）店面环境设计

1．店面外部环境　店面外部环境设计主要是诉诸人的视觉感受，它与人的活动场所——环境有着紧密的联系。同时，它也是构成城市人文景观的重要方面，所以，有必要充分强调其环境观念。要依据眼镜店自身的企业形象等方面的特点进行综合考虑，这在店面展示、霓虹灯、招贴广告、电子显示广告设计中尤为重要。从周边环境的要求出发，应对其设计做出统一的要求和规划，经过系统的规划设计，充分达到眼镜店品牌宣传的目的。同时，VI系统以自身特有的视觉符号系统吸引公众的注意力并产生记忆，使消费者对该眼镜店所提供的产品或服务产生最大化的品牌忠诚度；同时提高该眼镜店员工对眼镜店的认同感，提高企业士气。

2．店面内部环境　能否营造吸引顾客购物欲望的眼镜店整体营销氛围，是店面内部环境设计的基本原则。此外，还应遵循以下一些具体的设计原则：

（1）眼镜店标识和基础设计类对标识的形式和色彩进行系列的规范，包括标识的标准组合形式、标准字体的规范、标准色的规范、辅助图形的规范、基本要素组合规范等。

（2）商品的展示和陈列应根据种类分布的合理性、规律性、方便性、营销策略进行总体布局设计，以有利于商品的促销行为，创造为顾客所接受的舒适、愉悦的购物环境。

（3）根据眼镜店的经营性质、理念、商品的属性、档次和地域特征，以及顾客群的特点，确定室内环境设计的风格和价值取向。

（4）具有醒目的入口、空间动线及吸引人的橱窗和招牌，以形成整体统一的视觉传递系统，并运用个性鲜明的照明、结构和色彩等形式，准确诠释商品，营造良好的商场环境氛围，激发顾客的购物欲望。

（5）购物空间不能给人有拘束感，不要有干预性，要制造出购物者有充分自由挑选商品的空间气氛。在空间处理上要做到宽敞通畅。

（6）设施、设备完善，符合人体工程学原理，防火区明确，安全通道及出入口通畅，消防标识规范，有为残疾人设置的无障碍设施和环境。

（7）创新意识突出，能展现整体设计中的个性化特点（图2-1）。

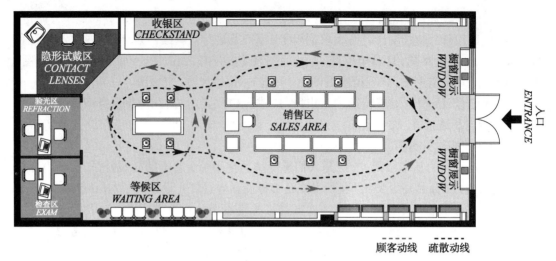

图 2-1 店面内部环境

（三）店面空间功能组织

1. 卖场的功能分区 空间功能分区和商品的分类是卖场设计的基础，合理化的布局与搭配可以更好地组织人流、活跃整个空间、增加各种商品售出的可能性。

眼镜店按功能区域划分基本为：销售区、商业区、收银服务区、管理区、内部员工区、验光检查区、视觉训练区、隐形眼镜区、加工维修区、储存区等。

2. 购物动线的组织 卖场空间人流的路线设定应根据其本身的功能分区、结构顺序和经营特点而定。理想的动线设定应具有明确的导向性，短而便捷。店中要划分出主道、次道和聚散区域，通道宽度为 1～2m 不等，应根据货柜展区和商品特点及由此引发的购物行为模式而定。

3. 视觉流程 其特点在于能够展示清晰的视觉结构，从而准确地传达独特的眼镜店形象。眼镜店通过差异性的形象展现，达到宣传眼镜店、宣传品牌的目的。

卖场视觉空间的流程可分为商品促销区、展示区、销售区（含多种销售形式）、收银服务区、隐形试戴区、检查验光区、等候区、视觉训练区等。由于整体销售区域空间基本属于短暂停留场所，其视觉流程的设计应趋向于导向型和流畅型（图 2-2）。

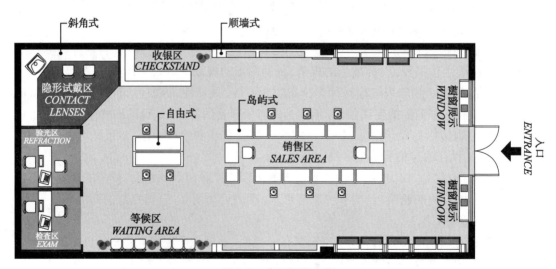

图 2-2 店面视觉流程

4. 货柜布置基本形式 货柜布置要充分体现人体工学要素，其中包括尺度要素、视觉要素和心理要素等。货柜布置也是卖场室内空间组织的主要手段之一，主要有以下几种形式：

（1）顺墙式：柜台、货柜及设备顺墙排列。此方式售货柜台较长，有利于减少销售人员，节省人力。一般采取贴墙布置和离墙布置，后者可以利用空隙设置散包商品。

（2）岛屿式：营业空间岛屿分布，中央设展柜（正方形、长方形、圆形、三角形）柜台周边长，商品多，便于观赏、选购，顾客流动灵活，感觉美观。

（3）斜角式：柜台、货架商品展示面成斜角布置，多采用45°斜向布置。既有变化又有明显的规律性，而且可以增加商品摆放量。

（4）自由式：柜台货架随人流走向和人流密度变化，灵活布置，使厅内气氛活泼轻松。将卖场巧妙地分隔成若干个既相互关联又相对独立的经营区域，不同形状的空间，使空间既有变化又不杂乱。

（5）隔绝式：用柜台将顾客与销售人员隔开的方式，商品需通过营业员转交给顾客。此为传统式，便于营业员对商品的管理，但不利于顾客挑选商品。

（6）敞开式：将商品展放在售货现场的货柜上，允许顾客直接挑选商品，营业员的工作场地与顾客活动场地完全交织在一起。能迎合顾客的自主选择心理，增加客户的体验感，是未来的趋势。

5. 功能区域的组合

（1）利用展柜设备或隔断划分营业空间：其特点是空间隔而不断，保持明显的空间连续感，同时空间分隔灵活自由，方便重新组织空间。这种利用垂直交错构件有机地组织不同标高的空间，可使各空间之间有一定分隔，又保持连续性。

（2）用顶棚和地面的变化来分隔空间：顶棚、地面在人的视觉范围内占相当比重，因此，顶棚、地面的变化（高低、形式、材料、色彩、图案的差异）能起空间分隔作用，使部分空间从整体空间中独立，是对重点商品的陈列和表现，并较大程度地影响室内空间效果。

6. 验光检查区域的基本形式　验光检查区域相对其他区域需要较安静、有一定私密性的空间，适合独立房间，如空间较大或验光检查设备较多情况下，可用玻璃隔断将设备按功能区隔开来，相互不受影响，视觉上也整齐划一。

7. 接触镜（隐形眼镜）配戴区的基本形式　由于接触镜（隐形眼镜）配戴需要一些特殊条件，所以在选择上需有上下水的区域，而且需要相对安静、有一定私密性的空间。配戴台与镜面角度的设计要符合人体功能学要求，使顾客在过程中感到舒适（图2-3）。

效果图一　效果图二

图 2-3　接触镜（隐形眼镜）配戴区效果图

（四）店面装修施工重点

1. 材料选择　空间实体的形象设计是对空间概念设计的物化、细化、具体化的过程。在这一过程中应按照材料、形体、色彩、质感的顺序依次综合考虑。材料是塑造形体的基础，不同材料的构造方式以及自身的表象往往具有特定的形体塑造方式。

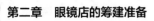

　　室内材料的选择在设计技术的层面上表现为室内材料计划。它是实现造型计划和色彩计划的根本措施,同时也是表现光线效果和材质效果的重要基础。

　　按照我国适用、安全、经济、美观的建筑方针,室内材料选择应考虑以下几个方面的因素:具备一定的可持续性、安全性、经济性、环保性等。

　　2. 施工监理　在"施工监理"中,一是设计及构造的技术处理,二是工程质量的监督检查。

　　进一步完善设计或对设计进行局部修改与变更,主要应做好以下几个方面的工作:按图放样分割空间,调整修改现场与图纸的差异;完善细部节点的成型、技术处理;按设计要求选定材料样板,配色、订货。

　　施工过程中应注意以下几个方面:水电、空调、消防各隐蔽工程;架天花龙骨结构;封天花板;墙面工程;重点造型;展柜、门窗结构造型;地面骨架结构;天花表面处理;墙面、地面、展柜表面处理;照明灯具、开关安装等。

(于　翠)

参 考 文 献

1. 迈克·波特,吉姆·柯林斯,W. 钱·金,等著. 重塑战略. 陈媛熙,陈志敏,译. 北京:中信出版集团,2016.
2. 高玉冰. 视光设备——武装升级助推专业提升. 中国眼镜科技杂志,2016,19:30-31.

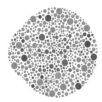

第三章　眼镜店人力资源管理

本章学习要点

1. 掌握　眼镜店岗前培训的实施步骤、薪酬体系的设计原则,绩效管理和薪酬体系的组成模块。

2. 熟悉　眼镜店岗位的设置、薪酬体系的设计流程,实施绩效管理的意义。

3. 了解　眼镜店各岗位的工作职责,劳动合同的特征及签订的原则以及劳动合同的制定和变更。

第一节　眼镜店岗位

一、眼镜店岗位的设置

眼镜店岗位的设置和组织结构与眼镜店的规模密切相关,通常单店的人员主要包括店长、验光师、销售人员、加工师等;区域性连锁店通常包括经理或店长、验光师、加工师、销售人员、财务人员、库管人员等;国内大型连锁店的组织架构必须齐全,包括采购部、加工部、培训部、门店、售后客服、财务、人事、行政部等。

眼镜店岗位的基本配备如图3-1所示。

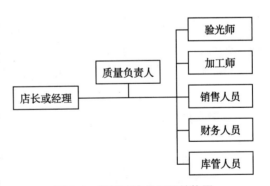

图3-1　眼镜店岗位组织结构图

1. 店长或经理　负责眼镜店的整体经营管理工作,通常单店称为店长,连锁店称为经理。

2. 质量负责人　质量负责人主要对整个眼镜店从验光到加工质量的监督和监管作用,是眼镜店优良产品的质量保证。但是很多眼镜店往往忽视了质量负责人的岗位和作用。

3. 验光师　视光中心或医院中多称为视光师,眼镜零售店中部分被称为验光员,负责对顾客进行详细的主客观验光检查,开具适合顾客的眼镜处方。

4. 销售人员　按照验光处方,结合顾客的配镜需求,为顾客推荐适合的镜架和镜片,有时也被称为配镜师或眼镜咨询师。

5. 加工师　根据销售人员开的销售单,对眼镜进行装配并为顾客进行检测与调整。

6. 库管人员　对眼镜店内商品的存销等进行管理。

7. 财务人员　遵守企业财务管理制度,对财务进行管理。

一般情况下,眼镜店应专人专岗,职责分明,在目前的眼镜店中部分人员可能身兼数职。例如,验光师可以同时兼任销售,店长或经理可以兼质量负责人或财务等。

二、眼镜店岗位的工作职责

1. 店长或经理 眼镜行业属于现代服务业,技术含量高,店长或经理应具备综合管理的素质与能力。能准确传达上级领导的指示及企业的规章制度,能全面负责门店的管理及日常经营工作,能有效管理员工的日常工作及绩效考核,能保证门店为顾客提供优质服务,同时作为门店的第一责任人还应该以身作则,严格要求自己。店长或经理的工作职责如下:

(1)熟悉国家政策及眼镜行业相关的法律法规,了解本行业的国内外市场现状及发展趋势,及时向主管领导提供自己负责的门店的经营信息,与总部相关部门的沟通交流,为上级部门决策提供参考依据。

(2)认真执行国家的政策法规及公司的各项规章制度,接受工商、税务、物价、市容、审计、安全等有关部门的监督检查,做到守法经营。

(3)根据企业制定的战略规划,制订门店的年度经营计划、发展规划,完成公司制定的营销策略的实施,按计划组织实施各项工作,保证完成下达的经营指标、利润指标及本店制订的任务计划。

(4)负责店内从业人员的人事管理:包括岗位的分工管理、人员的出勤、业务考核、绩效评价等各项具体工作;协助完成本店人员的继续教育、培训工作。

(5)负责门店的销售管理:包括制定门店的销售目标;分解任务及全面监控营业员的销售业绩、营业信息;全面掌握店内销售动态,协助市场部做好广告宣传及商品促销等工作。

(6)负责店内财务管理:严格审核店内的财务预算和店内财务支出;有效降低经营成本。

(7)负责门店的店面管理:保持店内商品的合理化陈列;掌握门店各种设备的维护保养,定期核对仪器设备及相关单据、票证;检查店内的环境卫生情况;检查店内的装饰物及促销工具等工作。

(8)负责门店的商品库存管理:包括负责商品质量;盘点商品库存;检查商品破损情况,严格控制店内损耗;整理统计商品补货情况等工作。

(9)负责门店的客户服务管理:包括商品售后服务;妥善处理顾客投诉;分析顾客满意度等工作。

(10)加强"四防"工作,即防火、防水、防盗、防工伤等,做好安全保卫工作及监督店内环境清洁。

(11)对影响经营工作的重大问题,应及时向上级请示,保证各项工作的正常运行。

2. 质量负责人 质量负责人是眼镜店提供优质产品的保证,应该确保交付到顾客手中的眼镜及附属产品质量符合国家标准或企业标准,让顾客能放心、安全配戴。岗位职责如下:

(1)掌握国家眼镜商品质量的相关规定,严格执行国家标准,做到有法可依,负责核对送检的眼镜、镜架和镜片材料、品种是否与顾客要求的一致。

(2)定期对验光师的验光结果进行抽检,确保验光结果的准确性。

(3)使用专业仪器设备检测镜片的各项光学参数,保证各项光学参数符合国家标准。

(4)严格遵照国家标准使用专业仪器设备检测配装眼镜。

(5)严格遵照国家标准对加工好的眼镜进行外观检测。

(6)经常抽检巡查柜台及库存商品,发现质量问题及时向店长汇报,严防假冒伪劣产品入店。

（7）做好商品质量的记录和建档。

（8）协助解决各类商品质量案件，并负责解释商品质量问题的投诉。

（9）负责专业仪器设备的日常保养、维护和简单的故障排除，保证其正常使用。

3．验光师　验光师是影响眼镜门店专业性的重要标准，是直接关系到顾客戴镜合适与否的关键，所以门店通常对验光师的要求较高，其岗位职责如下：

（1）对顾客眼睛进行初步检查，询问戴镜史并能对原有眼镜进行检测。

（2）使用专业设备对顾客进行常规屈光检查。

（3）根据检查结果和顾客自身状况开具合适的验光处方。

（4）对于疑难处方的顾客，为其推荐适合的镜片类型。

（5）维护、保养及校调所有的检查仪器。

4．销售人员　销售人员是进入眼镜店的顾客成功购买的关键因素。优秀的销售人员会为顾客提供眼保健的建议，真正为顾客着想，而不是单纯地卖出产品。以前，部分眼镜店或企业缺少对销售人员专业性的培养，觉得把眼镜卖出去和卖其他商品一样。随着人们对眼保健认识水平的提高，行业内也逐步认识到销售的重要性。好的销售必须具备优良的专业素养才能打动顾客。销售人员的岗位职责如下：

（1）顾客的接待，欢迎及欢送顾客，记录顾客的基本信息，为后续的随访及跟踪提供信息数据。

（2）熟悉眼镜店商品的陈列，做好商品的管理，掌握各种眼镜镜片和镜架的材质、性能等商品知识。

（3）了解顾客配镜的需求，向顾客介绍各类眼镜的商品知识，解答顾客提出的各种疑问，正确指导顾客选购商品。

（4）根据验光配镜处方的各项技术指标，结合顾客脸型、肤色及配镜要求，帮助顾客推荐适合的镜片和镜架，熟悉店内的所有产品，掌握相应的销售技巧；并能向顾客说明其选择的镜片与镜架在配制过程中可能出现的问题。

（5）掌握各种产品的规格范围，区分生产单位，正确开具订单。

（6）为顾客开具销售单，待其交费后将各项单据准确分给顾客和加工师。

（7）负责配镜订单的开具工作，在订单上写清镜架、镜片的价格、型号、厂家、品牌，并应该标注由生产单位磨制时要注意的事项。

（8）负责定镜退换的工作，及时与收发、加工部门沟通，办理有关手续。

（9）对待特殊顾客配戴使用的眼镜，负责向其说明使用方法和注意事项，并进行示范，帮助试戴所选眼镜，直至其满意为止。

（10）每日统计销售日报表，每月对库存及经销情况进行盘点。

（11）协助做好眼镜门店内外的卫生，按照"四防"要求做好安全相关工作。

5．加工师　根据验光处方及销售单，进行镜片的磨边与镜架的配装工作。加工师或称定配师，与验光师一样需要较强的专业技能，门店的技能要求高，要求具有较强的动手能力。岗位职责如下：

（1）根据配镜处方核对镜片和镜架是否与订单要求相符。

（2）按照国家标准制作合格的各种类型眼镜。

（3）为顾客校配眼镜。

（4）为顾客调试和修理眼镜。

（5）负责仪器设备的维护保养和简单的故障排除，定期清洗、注油，保证设备正常运转。

6．库管员　库管人员是眼镜店商品的直接管理人员，负责眼镜架和眼镜片发、补、退、换、调、回修、报残工作及库房保管工作。岗位职责如下：

（1）负责眼镜架和眼镜片的出入库工作，认真核对数量、品种和规格，严把质量关。

（2）负责库存眼镜架和眼镜片的日常保管工作，每日盘点库存商品。

（3）负责每日准确填写日销表，定期上报，并确保单据中的金额与账目金额准确无误。

（4）按照规定的工作程序，定期填写商品申购单，及时做好补货及调货工作，保证门店商品的物流畅通。

（5）根据销售单为加工师提供眼镜片和眼镜架。

（6）负责对报残镜架、镜片、库存产品进行统计，尤其是库存低于通用临界阈值的产品及时上报相关部门。

7. **财务人员** 负责商品收银、结算，完成销售统计、对账等工作。财务人员既要与销售人员和库管人员一起做好销售统计工作，还要与银行、顾客以及厂家做好结算及统计工作。岗位职责如下：

（1）负责顾客交款时使用现金及支票的收款及退款工作。

（2）核对每一单销售小票应收款金额，做到不漏收、不少收，填写台账。

（3）交接班时，负责结清所收款项，理顺收款单据，填好收款报表；做好逐日销售表，详尽记录存款记录。

（4）负责保管现金、支票、单据、收款章及保险柜钥匙。

（5）严格按相关财务手续制度，负责将当日定期所收款项及时送交银行并定期汇总。

（6）在主管签字核准后，负责相关项目的支出及记录。

三、眼镜店岗位的资质要求

职业资格证书（professional qualification certificate）是表明劳动者具有从事某一职业所必备的学识和技能的证明。它是劳动者求职、任职的资格凭证，是用人单位招聘、录用劳动者的主要依据，也是境外就业、对外劳务合作人员办理技能水平公证的有效证件。1995 年，我国人事部印发《职业资格证书制度暂行办法》，"眼镜验光员"和"眼镜定配工"被列入就业准入。国内各省市相继开始实施"眼镜验光员"和"眼镜定配工"职业资格准入制度，从业人员必须在获得国家认可的资格证书之后才能持证上岗。2015 年，国家对眼镜相关行业的职业资格准入制度取消。虽然行业不再强调持证上岗，但是更注重技术水平的评定。

1. **验光岗位** 验光岗位的工作由验光师（或验光员）承担，目前眼镜验光员可以分为 5 个级别，即眼镜验光员初级、眼镜验光员中级、眼镜验光员高级、技师与高级技师。眼镜验光员（optometrist）指使用验光仪器及辅助设备，检查视力、眼睛屈光度及融像功能，开具眼镜验光处方并指导视觉康复训练的人员。在这 5 个级别中，眼镜验光员初级为最低级别，依次向上，高级技师为最高级别，每个级别具体的服务权限有具体规定。大部分眼镜店的验光师具有劳动部门颁发的职业资格证书，而综合或专科医院的验光师则需同时具备医学相关的证书。

随着视光学的快速普及和一些仪器设备的广泛应用和快速推广，部分职责与范畴也在不断调整中。例如，目前的验光师不仅要使用综合验光仪进行全面的屈光检查，部分门店还要求能开展软性接触镜的验配、视功能检查与分析等。

2. **加工岗位** 眼镜定配工（spectacles allocation）指操作光学加工设备，进行眼镜镜片磨边或割边，加工、装配、校配、检验的人员。在国家职业资格中分为初级、中级、高级和技师四级。每一级的工作范畴及业务范围呈现递增。企业要求定配岗位能加工完成顾客要求的各种镜型的眼镜加工、调整和维修，具有眼镜定配工等职业资格证书。

3. **库管岗位** 库管岗位对眼镜店或企业商品的管理具有举足轻重的作用。现代化库管岗位人员需具有高中以上学历，能熟练使用计算机进行商品入库、出库登记，能快速找到各类商品并进行分类与汇总。

4．销售岗位　销售岗位是顾客进入门店取得良好印象的第一个环节。销售人员应保持良好的形象，具备良好的沟通能力，能熟练介绍店内商品，并对眼镜店内陈设、促销等提出建议。

5．店长或经理　店长或经理是眼镜店的负责人，具有眼镜店的决策权。因此店长或经理通常是在具有多年工作经验的人员中提升，要求其具有眼镜验光员或定配工相关的职业资格证书，3 年以上行业工作经验，具有较高的领导力和协调能力。

6．财务岗位　财务岗位人员要求掌握财务知识、税务知识，了解国家财务制度的法律法规，会熟练使用计算机进行统计和制作报表。

第二节　人员招聘与培训

一、眼镜店人员的招聘

（一）人员招聘的重要性

人员招聘（personnel recruitment）是眼镜企业或眼镜店为了弥补岗位空缺而进行的一系列人力资源管理活动的总称。它是人力资源管理的首要环节，是实现人力资源管理有效性的重要保证。人员招聘，是人员配备中最关键的一个步骤，不仅影响企业战略目标的实现，而且影响到眼镜店原有人员工作的稳定性和持续性。

（二）眼镜店人员招聘的途径

一般来讲，眼镜店人员招聘的途径包括外部招聘和内部提升。

1．外部招聘（external employment）　外部招聘就是组织根据制定的标准和程序，从组织外部选拔符合空缺职位要求的员工。外部招聘利于为组织输送新鲜血液，但是外聘者与企业之间缺乏深入了解，相互磨合需要一定的时间；另外对内部员工积极性的维护也是一个关键。外部招聘包括校园招聘、人才市场招聘、猎头招聘等。

2．内部提升（promotion from within）　内部提升是指企业内员工的能力和素质得到充分认可之后，被提拔到责任更大、职位更高的职务，从而填补组织中由于人员调动或企业发展的管理职务。

内部提升有利于调动员工的工作积极性；有利于保证选聘工作的正确性；有利于被聘者迅速开展工作。但是，内部提升制度也可能会导致组织内部"近亲繁殖"现象的发生；甚至由于员工竞聘引发矛盾等。

（三）眼镜店人员招聘的程序

眼镜店人员招聘通常包括制订计划、进行初选、能力考核、录用员工及评价反馈等步骤。

1．制订计划　当企业或眼镜店出现空缺职位时，店长或经理、企业人力资源部需要根据职位的类型、数量、时间等要求确定招聘计划，通过适当的媒介，公布待聘职务的数量、类型以及对候选人的具体要求等信息，向组织内外公开"招聘"，鼓励那些符合条件的候选人积极应聘。

2．进行初选　当应聘者数量多于待聘职位时，店长或经理、企业人力资源部需要对每一位应聘者进行初步筛选。很多企业采用面试的方式，通过简短的初步面谈，尽可能多地收集每个申请人的工作及其他情况，以初步确定符合职业的应聘人员。

3．能力考核　根据岗位不同，可以设计结构化笔试、操作考试等不同形式的专业性考试，从而确定应聘者是否具备待聘职务所要求的基本技术知识和技能；选聘人员也会采用语言交流的形式，考察应聘者的沟通能力、团队协作能力等。

4. 录用员工　在上述工作完成的基础上，需要综合评价应聘者的知识、技能及综合素质得分，根据待聘职位进行取舍。对于拟录入的人员，将由门店负责人或人力资源管理部进行再次面试，与应聘者确认双向选择，最终决定录用与否。

5. 评价反馈　通过对录用员工的追踪分析及工作绩效，总结经验，并落实在日后的招聘环节中，以便改进招聘程序和效果。

（四）眼镜店人员招聘的原则

1. 德才兼备原则　人才招聘中必须注重应聘人员的品德修养，在此基础上考察应聘者的才能，做到以德为先、德才兼备。

2. 客观公正原则　人事部门及经办人员在人员招聘中，必须克服个人好恶以客观的态度及眼光去甄选人员，做到不偏不倚、客观公正。

3. 先内后外原则　人事部门及用人部门在人才招聘中，应先从公司内部选聘合适人才，在此基础上进行对外招聘，从而充分运用和整合公司现有人力资源。

4. 回避原则　德才兼备、唯才是举是公司用人的基本方针，因此对公司现有员工介绍的亲朋，公司将在充分考察的基础上予以选用，但与之有关联的相关人员在招聘过程中应主动予以回避，同时不能对招聘过程或人员施加压力，影响招聘的客观性公正性。

二、眼镜店人员的岗前培训

在眼镜店或各类眼镜企业招聘或调用到合适的员工后，紧接着就要对新员工进行岗前培训。岗前培训是指员工还未正式上岗前对其进行的培训。通过培训让新员工尽快适应不同工作岗位的要求，了解工作职责，快速融入企业氛围中，与团队共同创造价值。大型眼镜连锁企业通常对新员工进行1～2周的入职培训，而小型眼镜店可能只开展1天的培训。

（一）眼镜店岗前培训的重要性

岗前培训是新员工在单位中发展自己职业生涯的起点。岗前培训意味着新员工必须改变某些理念、价值观念和行为方式，适应新单位的要求和目标，学习新的工作准则和有效的工作行为，掌握干好本职工作所需要的方法和程序。通过岗前培训，有助于新员工增强对自身职业规划成功的信心，有助于新员工与同事建立和谐积极的工作态度，与团队齐肩并进，也有助于新员工打消不切实际的期望，增加对岗位和企业文化的认同度。

（二）岗前培训的主要内容

新员工的岗前培训主要做两方面工作。首先，在岗前培训中，眼镜门店经理或店长要表示对新员工加盟企业的欢迎，要让新员工找到企业的归属感和自身价值的认同感。其次，岗前培训要使新员工了解工作岗位必要的知识和技能，了解企业或门店的日常运营和管理要求，熟悉所在岗位的仪器设备的使用方法和职责。

有效的岗前培训主要内容有：企业或门店历史及文化、年度及长期目标、管理制度、岗位要求及职责。

1. 企业或门店历史及文化　让员工了解企业的文化、发展现状、企业的战略目标。让新员工对企业建立归属感，与企业共进退。

2. 管理制度　了解国家政策、法律法规及行业标准，明确公司的组织架构，人事、财务等规章制度。

3. 岗位要求及职责　详细介绍岗位要求及职责，介绍目前的商品知识、专业知识及岗位各项工作执行的注意事项。例如：如何与顾客进行沟通解决问题的能力、如何培养人际关系的能力以及专业技能的培训。

4.其他　岗前培训还可以针对企业的信息平台使用、软件数据录入等进行相关培训。

（三）岗前培训的实施过程

1.制订培训目标　新员工刚到企业或进入眼镜店，迫切需要了解行业及眼镜店现状及未来发展方向，自己的工作职责，个人的晋升机会，如何有效开展工作等。因此，岗前培训务必要让新员工了解眼镜店，融入眼镜店，并确保新员工合格上岗。

2.制订培训计划　科学详细的培训计划能保障培训目标的实现。培训计划应包括培训目标、培训科目、讲师、培训教材、培训地点、培训纪律、培训考试、培训效果评估及人员分工。

3.设计培训内容　岗前培训内容应包括企业现状及发展史、企业文化、礼仪、员工手册、相关制度与流程、岗位技能等。针对不同的岗位应合理设置培训课程，有必要的，还可聘请外部讲师对新员工进行培训。

4.组织开展培训　培训主管或技术总监负责审定培训计划；组织协调，对培训过程进行监控（如编写培训讲义、监督新员工培训参加情况、组织新员工考核、进行效果评估等）；培训后将材料归档。

5.评估培训效果　培训效果可以将过程性考核与培训后综合考核相结合，将新员工学习成果与培训组织效果评价相结合。过程性考核可以设计系列评价指标（如遵守培训纪律、培训分阶段测试成绩）；综合考核可以根据岗位设置理论考核与操作考核。培训组织效果评价可以组织新员工问卷等。培训后确保合格上岗，不合格者进行补训，或重新考核是否符合录用条件。

6.归档培训档案　培训档案包括培训教材、签到表、培训记录、考试试卷、总结报告等，将培训档案归档并进行培训总结。

（王翠英）

第三节　薪酬体系设计

薪酬（payment）是指员工在从事劳动、履行工作职责后，所获得的经济上的报酬或回报。薪酬体系设计即对眼镜店各岗位人员的薪酬进行制定的过程。薪酬体系设计的目的就是要明确员工的薪酬基数和升降的空间，激发员工的工作积极性，增强员工的成就感和幸福感。

一、薪酬体系的设计原则

1.公平原则　让员工的薪酬无论是与公司内部人员之间或本地区同行业相同岗位的薪酬相比有公平感，同时也要让员工获得的薪酬与其付出的劳动相比有公平感。

2.竞争原则　让员工的薪酬在本地区同行业有一定的吸引力和竞争力，这样才能吸引优秀的人才加盟。

3.激励原则　通过绩效薪金、晋级提职等多种方式激发员工的工作积极性，设计不同的薪酬通道，使不同岗位的员工有着同样的晋级机会，鼓励员工与企业共同成长。

4.经济原则　在进行薪酬体系设计时要从企业的实际情况出发，考虑企业的承受能力和经济效益。从短期来看：眼镜店的销售收入在扣除各项非人工费用和成本后（房租、水电、通信费用、商品成本、仪器设备的折旧等），能够支付得起员工的薪酬；从长远来看，眼镜店在支付所有员工的薪酬后还要有盈余，这样才能让眼镜店有可持续发展的基础。

5. 可变原则　在企业发展的不同阶段，可以对薪酬体系及时进行调整，以适应企业的发展要求。在眼镜店发展初期，应侧重于基本薪金的设计，随着眼镜店经营效益的提升，逐渐考虑增加绩效薪金和福利等。

二、薪酬体系的组成模块

一般而言，员工的薪酬由有形和无形两大部分组成。有形薪酬是指直接或间接得到的薪酬，包括：基本薪金、绩效薪金、福利、津贴和利润分红；无形薪酬指员工从有意义的工作中获得的满意度，如：弹性的工作时间、舒适的工作环境以及合适的地位象征等。

（一）基本薪金

基本薪金（basic salary）即工资，是以一定的货币形式定期支付给员工的劳动报酬。通常由以下几部分组成：基本工资、职位工资、工龄工资和技能工资等。基本薪金的特点是比较稳定。

（二）绩效薪金

绩效薪金（performance salary）即奖金，是与员工的工作绩效直接挂钩的薪酬形式。绩效薪金可以由企业根据自己的经营需要和实际情况来设定。对于眼镜店的绩效薪金设定，验光师或营业员可以采用销售提成的形式来设定，而加工师可以采用计件工资的形式设定。

（三）福利

福利薪金（welfare salary）与基本薪金、绩效薪金的分配不同，福利是每个员工都能享受到的利益，包括带薪休假、养老保险、医疗保险、人寿保险和住房津贴、教育培训等。它可以培养员工对企业的归属感和忠诚度。福利强调的是长期性、整体性和计划性。例如：有的眼镜店每年组织员工外出旅游一次；每年员工都有一定天数的带薪休假等。

（四）津贴

有些眼镜店会对不同工作岗位设置不同的津贴（allowance）标准，例如对一些干部岗位给予交通和通信的津贴，需要注意津贴设置要合理。

（五）利润分红

有些眼镜店为了调动员工工作积极性，提高主人翁精神，会将企业利润的一部分以利润分红（profit sharing）的形式发放给员工。通常做法是将企业的利润与员工的工作绩效挂钩。

三、薪酬体系的设计流程

1. 薪酬调查　薪酬调查是薪酬设计中重要的组成部分，通过开展广泛深入的薪酬调查，为制定薪酬体系提供可靠参考，保证薪酬的外部竞争力和内部的公平性。一般需要考虑3个方面：

（1）薪酬现状调查：可以通过问卷调查，从三个公平性（即内在公平性、外在公平性和自我公平性）来了解眼镜店现有薪酬体系存在的问题；同时还需要了解眼镜店的人力成本占比、经营状况、企业文化以及薪酬政策等。

（2）薪酬水平调查：搜集行业和地区薪资情况和近三年增长情况，薪酬结构比例和职位薪酬数据，地区的福利情况等。同时也要考虑到员工的个人情况，例如：资历水平、工作技能以及岗位和职位的差别。

（3）薪酬影响因素调查：要综合考虑外部的影响因素，如国家的宏观经济、通货膨胀、行业特点和行业竞争情况等。另外，地区生活指数、劳动力市场的供求关系、当地的法律法规和劳动力价格水平等也需要考虑。

2．确定薪酬原则和策略　了解眼镜店目前薪酬管理的现状,确定薪酬分配的依据和原则,以此为基础确定眼镜店的相关分配政策。例如,部分眼镜店的薪酬原则和策略是:坚持考核上岗,以岗定薪,薪随岗变,即所有技术岗位上岗前都要经过考核,考核合格后才能上岗,不同的工作岗位设有不同的薪酬,如果员工工作岗位有变动,那么薪酬也会相应改变;有的企业是坚持竞争上岗,以业绩来定薪酬。另外,在确定薪酬原则时,还要考虑不同层次人员的收入差距。

3．岗位评价　岗位评价是通过比较企业内部各岗位的相对重要性,做出岗位等级序列。在对岗位性质、任务、责任和相互关系,以及任职人员的知识、技能等进行系统的研究分析后,以岗位说明书为依据进行岗位评价。

4．薪酬类别确定　根据眼镜店的实际情况和未来发展战略,对不同岗位的员工可采取不同的薪酬类别。例如:验光师和加工师等技术岗位的人员,可以采用岗位技能工资,眼镜销售人员可以采取销售提成等方式,而店长可以采用与年度经营业绩相关的年薪制等。各岗位也可以区分工资和绩效,采用不同的薪酬类别,如工资采用岗位技能工资,绩效采用销售提成或目标考核绩效奖金。

5．薪酬结构设计　首先要考虑岗位在企业中的层级,其次要考虑岗位对员工的技能和资历的要求,还要考虑岗位的工资和绩效分配比例。总之,要让员工既能看到自己收入晋升的空间,又能看到晋升的路径。

第四节　绩 效 管 理

绩效管理(performance management),是指为实现眼镜店的战略目标,通过管理人员和员工持续地沟通,经过绩效计划、绩效实施、绩效考核和绩效反馈四个环节的不断循环,不断地改善员工的绩效,进而提高整个眼镜店绩效的管理过程。

一、绩效管理的组成模块

绩效管理是包括绩效计划、绩效实施、绩效考核和绩效反馈等四个环节在内一个完整并且不断进行的循环。

(一)绩效计划

绩效计划(performance plan)阶段是绩效管理的起点和最重要的一个环节。通过战略目标的分解制定各岗位的目标,保证全体员工的工作实现"战略指导"。员工和直接上级共同制订绩效计划,并就考核指标、标准、权重、考核方式等问题达成一致,使员工对自己的工作目标和标准做到心中有数。

(二)绩效实施

绩效实施主要包括以下几方面的内容:①定期进行绩效面谈,及时了解员工的工作进展情况;②通过定期的报告、报表和有关记录等,收集和积累员工的绩效数据;③在必要的时候,直接上级给予员工指导或帮助;④对员工偏离目标的行为及时进行纠偏;⑤如有需要,进行绩效计划的调整。

(三)绩效考核

绩效考核(performance appraisal)是指上级依据绩效计划阶段制定的考核指标和标准对员工的绩效表现进行评价。

1．绩效考核与绩效管理的区别　绩效考核不等同于绩效管理,它只是绩效管理的一个环节。绩效管理与绩效考核的区别见表3-1。

表3-1 绩效管理与绩效考核的区别

绩效管理	绩效考核
● 一个完成的管理过程	● 管理过程的局部环节和手段
● 侧重于沟通与绩效提高	● 侧重于判断和评估
● 伴随管理活动全过程	● 只出现在特定的时期
● 事先的沟通与承诺	● 事后的评估

绩效考核重点在于考核,管理者的角色是"裁判"。而绩效管理却着眼于员工绩效的改善,在绩效管理中,管理者的角色是"教练",它的主要目的是通过管理人员和员工持续的沟通,指导、帮助或支持员工完成工作任务,这样的结果必然是实现员工个人绩效和组织整体绩效共同提高的"双赢"。

2. 绩效考核的目的和作用

(1)目的:通过绩效考核,可以提高员工的工作效率,不断强化员工的工作执行能力,为员工的业绩评价、晋升、奖金分配等提供参考;强化眼镜店店长的责任意识,不断提高他们的管理艺术和技巧;另外,通过对考核结果的合理应用,可以营造员工努力工作的氛围;还可以为员工的职业生涯发展提供公平公正的平台。

(2)作用:绩效考核可以用于人力资源规划,便于为眼镜店未来的发展制定提供切实的数据支持;根据对绩效考核的结果分析,可以用来改进招聘标准;同时根据绩效评价的结果,可以发掘员工在培训和职业发展方面的需求;还可以为薪酬的设计提供决策,使薪酬体系更加公平合理。

3. 绩效考核的原则 绩效考核涉及员工的切身利益,适合的考核方法和方式,能营造积极向上的工作氛围,推动企业或眼镜店的发展。绩效考核要遵循一定的原则。

(1)公平原则:考核标准的制定要对岗制定而不是因人制定。公平是推行绩效考核的前提,不公平就不可能发挥出考核的效应。

(2)公正原则:考核要有明确的考核标准、严格的考核制度,考核时要按照标准和制度去做。

(3)公开原则:考核的结果应对本人公开,让员工认识到自己工作中的不足。考核结果的公开,会让员工感到考核的公平性,否则员工会认为考核过程中出现人为偏差,对考核结果存在质疑,影响企业的有序发展。

(4)奖惩原则:根据考核结果,考核设定时应考虑员工的奖励细则及处罚细则,激励员工积极工作,达到考核的目的。考核如果没有与奖惩结合起来,考核就失去了原有的意义,会逐渐偏离考核的初衷。

4. 绩效考核的方法 常见的绩效考核方法有:图尺度考核法、360度考核法、交替排序法、关键指标法(KPI)、目标管理法等。

(1)图尺度考核法:是最常用和最简单的绩效考核方法,是通过采用图尺度表填写打分的形式进行。

(2)360度考核法:又称为全方位考核方法。它是寻求关键工作伙伴(同事、上级、顾客等)对自己工作的反馈,来了解自己的工作绩效,明确自己工作中欠缺的地方。它是一种双向沟通的方法,它不仅仅能够帮助员工认清自己,还能够深入地了解大家对自己工作的期望和要求。

(3)交替排序法:交替排序是一种比较常用的排序考核法。在群体中挑选出绩效最好和最差者,再挑选出第二好和第二差者,依次进行,直到将所有的被考核人员排列完,以优劣排序作为绩效考核的结果。

（4）关键绩效指标法（KPI）：通过对组织内部流程的关键参数进行设置、取样、计算、分析，把企业的战略目标分解为可衡量的工作目标，是一种目标式量化管理指标。KPI可以使管理者明确本部门的主要职责，确定部门人员的业绩衡量指标。

（5）目标管理法：通过强调利润、销售额和成本等能促成成果的结果指标。它让每个员工都有确定的具体指标，作为其工作开展的关键目标，将指标的完成情况作为评价员工工作绩效的依据。

5．绩效考核的组成　眼镜店的绩效考核一般分为管理团队的考核和员工个人的考核。

（1）眼镜店管理团队的考核是指对门店的整体业绩考核，作为对门店店长及店长助理的业绩绩效结果的考核方法通常采用年度目标、季度目标考核、月度KPI考核法。年度及季度目标考核内容主要包括：门店的财务管理、业务重点与KPI指标、客户满意度指标等；月度考核以月均毛利润和月均销售指标、商品管理指标和客户服务指标等。

（2）员工的考核可以采取每天个人目标考核法、月度门店目标考核法或季度360度考核法。考核主要集中在销售任务的完成、客户满意程度以及上级、同事对其工作的评价。

（四）绩效反馈

绩效反馈（performance feedback）是指员工和直接上级共同回顾员工在绩效期间的表现，共同制订员工的绩效改进计划和个人发展计划，帮助员工提高自己的绩效表现。

二、实施绩效管理的意义

（一）绩效管理能够保证眼镜店的战略目标得到有效的贯彻执行

1．通过绩效目标的设定和绩效计划过程，企业的战略目标被有效地分解到各个部门和个人，使公司的战略目标得以层层传递和落实，从而保证个人目标与企业目标一致。

2．通过对员工实现绩效目标过程的监控以及绩效考核，组织可以有效地了解目标的实现情况，可以及时发现阻碍目标实现的原因并采取相应的措施，从而能够有效地约束、引导和激励员工行为，通过员工个体的绩效持续改进，保障公司战略目标的实现和业绩的不断提升。

（二）绩效管理是管理人员进行日常管理的有效工具

实施绩效管理可以达到以下目的：

1．通过绩效计划阶段公司目标的层层分解和同员工的充分沟通，使员工明确了工作要求以及自己工作对公司的意义，从而将组织目标和员工个人目标联系起来，提高员工在工作执行中的主动性和有效性。

2．通过管理人员和员工的持续沟通，强化员工已有的正确行为和克服员工低效率的行为，不断提高员工的工作执行能力和工作绩效，也保证了管理者本人的绩效不断提高。

3．通过不断地沟通和交流，促进员工和管理者之间信任和合作关系的发展，从而创造良好的组织氛围。

4．为晋升、工资、奖金分配、人事调整等人力资源管理活动提供可靠的决策依据。

（三）提高员工的绩效水平，促进员工个人发展

绩效管理能够促进员工绩效的提高和个人能力的不断提高，具体表现为：

1．在绩效计划阶段，一方面明确了上级对自己工作的要求和期望；另一方面，上级还会鼓励员工制定挑战性目标；

2．在绩效实施期间，绩效管理会给予员工必要的指导和帮助。

3．而在绩效考评之后会伴随员工绩效改进与提高的计划和行动。

4．如此反复循环，必然能够不断提高员工的工作能力和改进工作绩效。

更为重要的是，在绩效管理中，管理者的角色是"教练"，它的主要目的是通过管理人员

和员工持续的沟通,指导、帮助或支持员工完成工作任务,当员工认识到这一点时,员工会更合作、更坦诚。因而,在不断进行的绩效管理循环中,员工个人能够不断发展。

第五节 劳动合同

劳动合同(labor contract)是确立劳动者和用人单位之间劳动关系的法律依据,明确规定了劳动者和用人单位的权利义务,这既是对合同主体双方的保障又是一种约束,有助于提高双方履行合同的自觉性,促使双方正确行使权力,严格履行义务。因为劳动合同的订立和履行有利于避免或减少劳动争议的发生,有利于稳定劳动关系。

一、劳务合同的定义

劳动合同,是指劳动者与用人单位之间确立劳动关系,明确双方权利和义务的协议。订立和变更劳动合同,应当遵循平等自愿、协商一致的原则,不得违反法律、行政法规的规定。劳动合同依法订立即具有法律约束力,当事人必须履行劳动合同规定的义务。

二、劳务合同的特征

劳动合同除了具有合同的共同特征外,还有自己独有的下列特征:

1. 劳动合同主体具有特定性。一方是劳动者,即具有劳动权利能力和劳动行为能力的中国人、外国人和无国籍人;另一方是用人单位,即具有使用劳动能力的权利能力和行为能力的企业个体经济组织、事业组织、国家机关、社会团体等用人单位。双方在实现劳动过程中具有支配与被支配、领导与服从的从属关系。

2. 劳动合同内容具有劳动权利和义务的统一性和对应性。没有只享受劳动权利而不履行劳动义务的,也没有只履行劳动义务而不享受劳动权利的。一方的劳动权利是另一方的劳动义务,反之亦然。

3. 劳动合同客体具有单一性,即劳动行为。

4. 劳动合同具有诺成、有偿、双务合同的特征。劳动者与用人单位就劳动合同条款内容达成一致意见,劳动合同即成立。用人单位根据劳动者劳动的数量和质量给付劳动报酬,不能无偿使用劳动力。劳动者与用人单位均享有一定的权利并履行相应的义务。

5. 劳动合同往往涉及第三人的物质利益关系。劳动合同必须具备社会保险条款,同时劳动合同双方当事人也可以在劳动合同中明确规定有关福利待遇条款,而这些条款往往涉及第三人物质利益待遇。

三、劳务合同签订的原则

《劳动合同法》第三条规定,订立劳动合同应当遵守如下原则:

1. 合法原则 劳动合同必须依法以书面形式订立。做到主体合法、内容合法、形式合法、程序合法。只有合法的劳动合同才能产生相应的法律效力。任何一方面不合法的劳动合同,都是无效合同,不受法律承认和保护。

2. 协商一致原则 在合法的前提下,劳动合同的订立必须是劳动者与用人单位双方协商一致的结果,是双方"合意"的表现,不能是单方意思表示的结果。

3. 合同主体地位平等原则 在劳动合同的订立过程中,当事人双方的法律地位是平等的。劳动者与用人单位不因为各自性质的不同而处于不平等地位,任何一方不得对他方进行胁迫或强制命令,严禁用人单位对劳动者横加限制或强迫命令的情况。只有真正做到地位平等,才能使所订立的劳动合同具有公正性。

4．等价有偿原则　劳动合同明确双方在劳动关系中的地位作用，劳动合同是一种双务有偿合同，劳动者承担和完成用人单位分配的劳动任务，用人单位付给劳动者一定的报酬，并负责劳动者的保险金额。

四、劳务合同的变更和解除

合同的变更是指在合同成立以后，尚未履行或未完全履行以前，当事人就合同的内容达成的修改和补充。《中华人民共和国劳动合同法》第三十五条规定，用人单位与劳动者协商一致，可以变更劳动合同约定的内容。变更劳动合同，应当采用书面形式。其特征如下：①合同的变更必须经当事人协商一致，是在原来合同的基础上达成变更协议；②合同内容的变更是指合同内容的局部变化，不是合同内容的全部变更；③合同变更后，原合同变更的部分依变更后的内容履行，原合同没有变更的部分依然有效，即合同的变更并没有消灭原合同关系，只是对原合同的内容进行了部分修改。

合同解除包括双方解除和单方解除。双方解除是当事人双方为了消灭原有的合同而订立的新合同，即解除合同。单方解除是指当事人一方通过行使法定解除权或者约定解除权而使合同的效力消灭。

1．劳动者与用人单位双方协商一致解除劳动合同。

《中华人民共和国劳动法》第二十四条规定，经劳动合同当事人协商一致，劳动合同可以解除。

2．劳动者单方解除劳动合同。

根据《中华人民共和国劳动合同法实施条例》第十八条规定，具有下列情形之一的：

（1）劳动者与用人单位协商一致的。

（2）劳动者提前 30 日以书面形式通知用人单位的。

（3）劳动者在试用期内提前 3 日通知用人单位的。

（4）用人单位未按照劳动合同约定提供劳动保护或者劳动条件的。

（5）用人单位未及时足额支付劳动报酬的。

（6）用人单位未依法为劳动者缴纳社会保险费的。

（7）用人单位的规章制度违反法律、法规的规定，损害劳动者权益的。

（8）用人单位以欺诈、胁迫的手段或者乘人之危，使劳动者在违背真实意思的情况下订立或者变更劳动合同的。

（9）用人单位在劳动合同中免除自己的法定责任、排除劳动者权利的。

（10）用人单位违反法律、行政法规强制性规定的。

（11）用人单位以暴力、威胁或者非法限制人身自由的手段强迫劳动者劳动的。

（12）用人单位违章指挥、强令冒险作业危及劳动者人身安全的。

（13）法律、行政法规规定劳动者可以解除劳动合同的其他情形。

劳动者提前 30 日以书面形式通知用人单位，可以解除劳动合同。劳动者在试用期内提前 3 日通知用人单位，可以解除劳动合同。

3．用人单位可以单方解除劳动合同的情形。

根据《中华人民共和国劳动合同法实施条例》第十九条规定，有下列情形之一的，依照劳动合同法规定的条件、程序，用人单位可以与劳动者解除固定期限劳动合同、无固定期限劳动合同或者以完成一定工作任务为期限的劳动合同：

（1）用人单位与劳动者协商一致的。

（2）劳动者在试用期间被证明不符合录用条件的。

（3）劳动者严重违反用人单位的规章制度的。

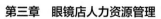

（4）劳动者严重失职，营私舞弊，给用人单位造成重大损害的。

（5）劳动者同时与其他用人单位建立劳动关系，给完成本单位的工作任务造成严重影响，或者经用人单位提出，拒不改正的。

（6）劳动者以欺诈、胁迫的手段或者乘人之危，使用人单位在违背真实意思的情况下订立或者变更劳动合同的。

（7）劳动者被依法追究刑事责任的。

（8）劳动者患病或者非因工负伤，在规定的医疗期满后不能从事原工作，也不能从事由用人单位另行安排的工作的。

（9）劳动者不能胜任工作，经过培训或者调整工作岗位，仍不能胜任工作的。

（10）劳动合同订立时所依据的客观情况发生重大变化，致使劳动合同无法履行，经用人单位与劳动者协商，未能就变更劳动合同内容达成协议的。

（11）用人单位依照企业破产法规定进行重整的。

（12）用人单位生产经营发生严重困难的。

（13）企业转产、重大技术革新或者经营方式调整，经变更劳动合同后，仍需裁减人员的。

（14）其他因劳动合同订立时所依据的客观经济情况发生重大变化，致使劳动合同无法履行的。

4. 为了充分保障劳动者的合法权益，根据《中华人民共和国劳动合同法》第四十二条规定，劳动者有下列情形之一的，用人单位不得依照本法第四十条、第四十一条的规定解除劳动合同：

（1）从事接触职业病危害作业的劳动者未进行离岗前职业健康检查，或者疑似职业病病人在诊断或者医学观察期间的。

（2）在本单位患职业病或者因工负伤并被确认丧失或者部分丧失劳动能力的。

（3）患病或者非因工负伤，在规定的医疗期内的。

（4）女职工在孕期、产期、哺乳期的。

（5）在本单位连续工作满十五年，且距法定退休年龄不足五年的。

（6）法律、行政法规规定的其他情形。

（刘新婷）

参 考 文 献

1. 中华人民共和国劳动和社会保障部. 眼镜验光员（2007年修订）—国家职业标准. 北京：北京科文图书业信息技术有限公司，2007

2. 中华人民共和国劳动和社会保障部. 眼镜定配工（2007年修订）—国家职业标准. 北京：北京科文图书业信息技术有限公司，2007

3. 郑晓明，武欣. 绩效管理实务手册. 北京：机械工业出版社，2005.

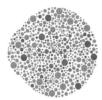

第四章　物流设置和管理

本章学习要点

1. 掌握　商品的种类和设置。
2. 熟悉　供应商选择的流程和选择原则。
3. 熟悉　商品采购的流程和原则。
4. 应用　商品出入库的管理方法。

眼镜行业与其他商业销售行业一样，都需要商品进销存的管理，都具有商品生产商、商品供应商、商品分销商、商品零售商的特性。但眼镜行业由于市场需求，使得产品更新速度要求更快，这就对其整个物流的运作体系要求更高。本章节将从眼镜的商品种类、供应商的选择、采购和库存等方面讲解眼镜行业物流的设置和管理。

第一节　商品的种类和设置

一、商品的种类

1. 眼镜架　眼镜架不仅仅是镜片的载体，而且对配戴眼镜的舒适性、安全性、美观性同样有重要作用。按照眼镜镜架的材料分类，包括金属镜架、塑料镜架、天然材料镜架和混合材料镜架。如果按照款式分类，则可以分为全框架、半框架、无框架、组合架以及折叠架。

2. 眼镜片　眼镜片材料通常使用透明介质，按照材料分，可以分为玻璃镜片、树脂镜片、水晶镜片。但水晶镜片紫外线和红外线的透过率高，天然水晶密度不均含杂质，所以我们并不推荐水晶作为镜片材料。树脂镜片和玻璃镜片更为常用。树脂镜片具有轻薄、不易破损的特点，而玻璃镜片由于其折射率较高，可以在相同顶焦度的情况下获得更薄的效果，因此成为了很多高度屈光不正的患者的选择。

3. 接触镜及护理液　接触镜有软镜和硬镜之分，其验配和销售需要一定的资质，特别是硬性角膜接触镜 RGP 和角膜塑形镜。接触镜是矫正球性屈光不正的良好选择，同时也在散光、治疗性接触镜、彩色接触镜等方面有广泛的临床应用。隐形眼镜的使用一般需要搭配护理液，来进行日常的清洁、消毒和存放。

4. 太阳镜　太阳镜是紫外线防护的一种重要且有效的手段，除此之外，也是美观和时尚的重要工具。同时，太阳镜分为偏光太阳镜和普通太阳镜，偏光太阳镜可滤过多余的杂光，在钓鱼、开车等情况下相较于普通太阳镜视觉效果更佳。

5. 配件　除以上提到的常规商品种类外，眼镜行业还包括许多配件，如镜链、镜布、镜盒、镜片清洁剂等。

二、商品的设置

1. 主推商品的设置 根据眼镜店的风格和类型,有不同的主推商品。如果眼镜店更突出品牌优势,可以将品牌眼镜设置在最佳的陈列区;如果眼镜店更突出价格优势,可以将低价产品设置在最佳陈列区。

例如,在商场中的眼镜门店,其顾客主要的要求以时尚美观、良好的购物体验为主,则可以将时尚的镜架及最新的太阳镜以陈列的方式摆放在最佳陈列区;而对于社区的眼镜门店,其主要顾客为社区居民,以中老年以及儿童为主,此时应按照不同年龄的顾客选择适合的产品陈列在最佳陈列区。

2. 促销商品的设置 促销商品一般可以设置在迎门的柜台、顾客休息区等。促销商品一定要有醒目的标识,促销方式要令顾客一目了然。特价推广产品也可以借助数量、摆放形状、醒目标识等来加强特价效果,增加销售气氛。

例如,我们在商场购物时,往往会先被促销打折的宣传吸引到门店里,此时,需要能够直接、快速地看到促销商品,且促销产品的数量足够多,才能够激起消费者的购买欲,因此在陈列促销商品时,可以考虑在门店最明显的地方,或是顾客会停留较久的休息、等待区陈列。

3. 商品的搭配 在做商品的陈列时,可以考虑商品的搭配陈列。比如颜色的搭配,鲜艳的颜色能够刺激购买欲;比如关联商品的搭配,夏天时可以在隐形眼镜陈列时搭配太阳镜。

例如,曾经有人做过调查,发现在超市的陈列中,如果将啤酒和儿童尿布摆放在一起,会明显增加啤酒的销量。看起来完全不搭的两个产品为什么会有连带销售的效果?因为妈妈们在帮孩子购买儿童尿布的同时,看到啤酒就会想要帮丈夫买啤酒,而如果啤酒没有摆在旁边,那么也就根本想不起来这件事。

在眼镜店的陈列上,也有同样的道理。如果我们在儿童镜架旁边摆上镜链,可能爸爸妈妈们就会想到,孩子戴眼镜需要固定,这样才能够保持眼镜可以配戴得更久。

第二节 供应商的选择和管理

一、供应商选择的原则

供应商(supplier)是为眼镜企业提供产品或者服务的组织或者部门,眼镜企业与供应商的良好合作关系可以有效地降低采购成本,提高对最终客户的响应速度,降低眼镜企业的库存水平,同时可以增强眼镜企业之间的信息交流,保持眼镜企业和供应商的互惠互利关系。

眼镜企业选择供应商不应只注重价格因素,而更要注重供应商在服务、技术创新、交货速度、质量等方面的综合优势;要注重眼镜企业和供应商之间形成长期的、稳定的、紧密的合作;要注重长期的战略合作,不再追求供应商的数量而更加注重供应商的质量;要注重更加宽泛选择供应商,同时考虑国内、国外多种选择;对供应商提供的产品不只是做入库验收、检查控制等验证行为,而是要求供应商提供全面的质量保证。

供应商的选择应遵循以下原则:

1. 数量合理原则 对于供应商的数量来讲,既不能太少也不能太多,两者均会存在风险。供应商数量过少可能导致:供应商产品、服务出现质量问题时可能会影响到眼镜企业,眼镜企业更换供应商的成本较高;形成对供应商过度依赖。而数量过多的供应商可能导致：降低对眼镜企业的忠诚度，价格竞争使产品、服务质量降低，难以实现有效的管理。

2．规模适中原则　对于某些供应商的采购数量既不能过大，也不应规模过小，规模过大可能产生对市场的变化反应迟缓，规模过小则难以形成价格优势。

二、供应商选择的流程

供应商选择的流程如图4-1所示。

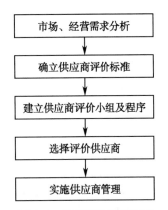

图4-1　供应商选择的流程

1．市场、经营需求分析　根据市场的需求和眼镜企业发展规划，确定本企业对眼镜产品、服务的具体需求。

2．确定供应商的评价标准　根据眼镜企业的需求，针对供应商的具体情况，眼镜企业应确立一套可执行的评价标准，评价标准应该系统全面，简明科学，灵活可操作，具有可比性。

3．建立供应商评价小组及程序　对供应商评价的组成成员应尽量全面，涉及设计、销售、采购等多部门的人员共同评价，避免主观臆断，同时应严格规范评审程序，做到科学、合理、公正。

4．选择和评价供应商　根据供应商的评价标准，全面调查、收集供应商的有效信息，并利用一定的工具方法进行评价。

5．实施供应商管理　对符合评价标准的供应商，在建立合作关系后，应对其实施有效的管理，并根据市场需求不断地变化，及时修订评价的标准及对供应商进行重新评价。

三、供应商的评估和调整

眼镜企业应对影响产品质量的主要元件（眼镜镜片、眼镜架）的供应商及外协加工（割装、加硬加膜、染色等）单位进行管理。制定供方评价准则，对主要的供方及外协单位进行评价，并从合格供方中进行采购或外协加工，有批准的供方及外协单位名录，并保存相关的记录。

被列为合格名录的供应商，每6个月或按合同规定的时间进行系统的供应商评价，评价结果作为衡量供应商能否具有再次合作的参照标准。

合格供应商的相关资料，要定期地进行更新，眼镜店具有供应商最新的资质证明及相关必需文件。

供应商定期评价与评定项目主要包含商品质量、销售情况、售后服务状况、订单完成率及对供应规范遵守制度的考核、审评。

1．商品质量评定标准　根据能反映调查周期内供应商提供商品质量好坏的不合格品率及相关记录的记载，对供应商服务期间内供应商品质量进行评定。

镜架、镜片及接触镜产品质量评定标准包括：不合格率及返修率，一般情况下，不合格率应控制在2%以内，返修率应控制在5‰以内（不同眼镜店会有不同的标准）。

2．销售情况评定标准　商品的销售情况，要根据各品牌商品现实销售情况进行统计。一般衡量商品销售状况有商品销售率、库存周转率等指标，其计算公式如下：

$$商品销售率 = 期间总销售数量 / 总进货数量 \qquad （式4-1）$$
$$库存周转率 = 期间总销售数量 / 期间库存数量 \qquad （式4-2）$$

由于眼镜店的规模、经营模式不同，上述两个指标的标准也会不同。对同一眼镜店价位不同的商品销售率、库存周转率标准也不同，应根据门店自身情况制定相应标准。

3．售后服务评定标准　供应商售后服务记录评价包括：供货的及时情况、协助销售能力、商品的调换货速度、提供相关培训能力。

供应商为门店提供专业以及产品的相关培训有助于员工更好地了解相关的专业知识以及产品的特性、适应顾客以及与其他供应商产品相比较的优势，使产品销售更有针对性，提高成功率。

4．规章制度遵守情况 供应商不得向相关工作人员提供任何形式的利益，包括金钱、礼品或提供其他方便，以造成不正当竞争的存在。

供应商提供的商品不得侵犯他人的专利、注册商标、著作权及其他专有权利，保证所有商品的原料、品质、名称、包装、标签及用途等遵守有关的法律法规。

供应商的发货箱单应注明名称、规格、型号、颜色、数量等内容。

供应商应提供的必备文件：企业法人营业执照、税务登记证、一般纳税人年检合格通知书、生产许可证、品牌检验报告、产品报价单、产品介绍、品牌介绍、公司销售授权证书。

供应商应提供的附属文件：进口商品销售授权（进口商品必备）、进口商品关税证明（进口商品必备）、关税专用交款单（进口商品必备）、报关单（进口商品必备）、商标注册受理证书、商标注册证明、质量体系认证证书、业务员授权证明及身份证复印件等。

第三节 采 购 管 理

采购（purchase）对于眼镜店的经营十分重要，采购质量的高低直接影响着眼镜店的经营效果。因此，加强采购管理，提高采购效率具有重要意义。

眼镜店在实施采购过程中，应按批准的合格供应商名录进行采购。所用的眼镜镜片及眼镜架等供应商、外协加工单位应全部在批准的名录中。

采购文件应明确，并且有采购原材料、辅助材料、零部件及外协加工项目的质量控制规定；采购或外协加工文件（合同）中应明确规定质量验收要求；保存眼镜镜片、眼镜架等的每次采购、外协加工的记录，记录能方便追溯。

一、采购的基本原则

采购是眼镜企业为实现经营目标，根据自身需求，运用适当的方法和策略，取得经营所需要的商品、服务所进行的所有活动。

有效采购对于眼镜企业获取竞争优势有很大的影响，采购的成本直接影响到眼镜企业的利润和资产回报率，采购的产品、服务质量直接影响到自身的产品和服务质量，并由此影响顾客的满意度。

采购的基本原则如下：

1．恰当的数量 采购的目的不仅仅是补充库存，而应该以满足顾客需求为主，因此在销售过程中需要密切关注不同年龄、不同职业、不同类型顾客的需求，并在采购时在满足顾客需求的前提下，尽量减小库存，以便降低库存成本，提高库存周转率。

2．恰当的质量和时间 在选择供应商时，尽量选择质量体系完善（通过ISO9000的企业优先）、质量可靠、设施设备先进、能够保证交货期的供应商。在此过程中，不能够单纯地只追求利益最大化，而是需要追求质量与价格的平衡。

3．恰当的价格 通过长期稳定的合作及有效的沟通，尽量降低商品的采购价格，以保证合理的利润水平。

4．恰当的地点 在选择产品的交货地点时，应综合考虑物流、时间、价格等因素，尽量达到效益最大化。

5．恰当的供应商 尽量选择具有稳定的合作关系的供应商采购，供需双方应建立基于战略合作的伙伴关系。

二、采购的基本流程

1. 采购的基本流程　采购人员根据库存及销售情况,制作采购订单,采购订单应清楚列明采购商品、型号、颜色、规格、度数等能够反映商品特征的明细,以确保订购的物品能够准确无误。

采购订单审批后,采购人员应及时联络供应商。同时对供应商备货情况进行追踪。若出现供应商不能按时完成订单的情况,采购人员应向门店发出误工通知,以便门店及时通知顾客延期取镜。

商品到货后库管员根据箱单、采购订单进行商品的核对与清点,确认型号、颜色、规格、数量无误后办理入库手续。

2. 采购过程中的注意事项　采购人员应具有相关商品的询价、议价能力;积极了解各门店商品收货、验收等实际情况并进行有效的处理;全面掌握各门店的销售情况,在进行科学周转分析的同时,有侧重、有选择地进行商品的后续补选;能够对主要供应商进行等级、品质、交货期、价格、服务、信用等能力评估;订单下达后,采购人员负责跟单,不断提醒供应商按期交货。货期不能满足时,需注明新的定约时间,并及时形成相关误工通知单等文件。

第四节　库 存 管 理

一、库存的概念及意义

库存(stock)是为保证生产或服务过程的连续性,降低采购费用,快速满足客户需要,眼镜企业具有的与生产或服务相关的闲置资源。

由于供应商的供货数量和时间在某种程度上具有不确定性,保有一定的库存对于准时满足顾客需求就显得十分必要。库存控制的三个基本问题:①确定库存检查周期:库存清点应有固定周期,一般情况下以一个月为周期;②确定订货量:结合库存量以及门店销售情况、顾客需求,制定订货量;③确定订货时间:根据产品平均销售速度,确定订货的时间。

二、出入库的管理

为有效管理眼镜店商品进、销、存数量,保障正常业务工作的顺利进行,眼镜店应建立合理的商品出入库流程,在出入库过程中注意以下几点:

1. 商品入库　商品到货后库管员根据箱单进行商品的核对与清点,若存在单、物不符情况,要及时联络供应商协商解决。

对到货商品进行进货检验,若出现不合格品,应在相应的商品进货检验记录中加以记录。对进货检验合格的货物,在填写完成商品检验进货记录后,进行采购入库操作。

门店根据实际销售情况,向库房提出要货请求。必要时根据门店的实际情况,库房对要货请求做出相应的指导。

入库完成,应进行相应的记账工作,根据入库凭证记录商品进销存台账以便后期进行盘点工作时能够做到更准确、高效。

2. 商品出库　库管员根据门店补货申请,进行出库作业。店员根据顾客需求销售商品,根据配镜单、收据等销售凭证进行出库作业。在出库时库管员和店员要双方核对商品的型号、颜色、顶焦度、质量等信息,并根据相应凭证或记录登记商品进销存台账。

3. 商品退换货　门店相关人员根据退货提出退货申请，需退回供应商或报残的商品退货时还应提供不合格品通知单。退库房商品应保持原包装完整，标识齐全，干净整洁。隐形眼镜及护理产品应设置退货提前期，通常为产品有效期至少 6 个月前。

库房进行退货收货时，若出现货、单不符的情况，应查明情况后再进行退货操作。

库管员对于退回供应商的商品，填写相应记录，并通知供应商。

供应商取走货物后，出具相应退货单。库管员见单后核对退货数量、金额，确认无误后，根据退货单办理账务登记。

4. 委外加工　由于一些供应商提供特殊加工或服务，眼镜店根据实际需要进行委外加工。眼镜店应与供应商签订服务合同，规定双方的责任与义务，以便在出现问题时，双方具有解决问题的标准或依据。

供应商装配眼镜过程中，若发生报残可根据实际情况与委外供应商协商解决。若合格交货，则传递回库房或加工车间办理交接手续。最终检验合格后，进行镜盒、镜布的包装，并送至取镜处等待顾客取镜。

5. 账目核对　门店、库房在一定的经营周期内（一般情况下以月为单位）应对出入库进行账务汇总、核对，出现问题及时查明原因。与供应商核对账目后，要根据合同或销售情况及时地进行回款。

6. 盘点　为确保库存商品的准确性，加强库存管理，眼镜店应实行定期盘点制度。盘点以一个月进行一次为宜，一般情况下在月末最后一天进行盘点。

盘点开始前库房及门店应进行结账处理，原则上不能进行销售及出入库作业。

结账后，显示出商品的账面数量，汇总生成库存数量统计表。

盘点时，如实记录盘点数量，盘点完毕后进行账实核对，如有不符，应制作盘盈、盘亏单，经核对，查明原因后方可进行调账。

三、基本的库存控制方法

1. 固定订货量、订货点方法　对库存进行连续检查，当达到订货点时即发出一次订货，每次订货的数量均为一个固定值。

2. 固定订货点、最大库存方法　对库存进行连续检查，当达到订货点时发出一次订货，订货后保持最大库存不变。

3. 周期性订货方法　每隔一定时间对库存检查一次，并发出一次订货，把现有库存补充到最大库存水平。

4. 综合订货方法　每隔一定时间对现有库存检查一次，当达到低于订货点时，就发出一次订货，否则不订货，订货时把库存补充到最大库存量。

四、库房管理

1. 库房环境要求通风、干燥。

2. 产品在交付、运输过程中要对产品进行标识、包装、防护。有适宜的转运工具、必要的工位器具、贮存场所和防护措施；防止库存商品出现损伤或发生混淆。

3. 库房要有严格保卫制度，库内要设置安全防范设施，做好防火、防盗、防爆、防潮等工作。仓库人员离库要随时上锁，确保安全。库房库管员要懂得使用消防器材，掌握必要的防火知识。

4. 库房商品要做到日清、月结，保持账、物相符，如有差错及时查对处理。仓库人员如有变动，必须办好交接手续。

5. 库房物资若有损失、贬值、报废、盘盈、盘亏等，库管员应及时报部门主管，分析原因、查明责任,按规定处理。

6. 记账要字迹清晰,日清月结不积压,托收、月报要及时。允许范围内的合理的自然损耗引起的盘盈、盘亏,每月都要上报,做到账、物、资金"三一致"。

7. 加强商品周转管理,根据镜架、镜片、隐形镜片及护理产品的销售状况适时进行调整。

五、标识管理

为确保产品、服务、状态得到有效识别,满足可追溯性的要求,眼镜店在库存和门店均应进行标识管理。在库存管理及检验过程进程中,对所有工作过程,凡要求记录的,要记录齐全,并保持记录的完好。仓储员负责对库存商品进行区域、货位、商品名称等标识。检验员负责对检验状态及合格产品进行标识。

一般管理采用的标识类型有以下几类:

1. 区域标识　仓储员要对库内的区域、货位、名称等进行标识,由此方便商品出、入库,保障商品流通顺畅。

商品进入仓库后,仓储员要根据实际情况做好产品合格标识、不合格品标识。

2. 产品传递标识　根据顾客购买的需要,厂家安装镜片外加工的镜架,在加工传递过程中,每副镜架上要包裹相应配镜单。

3. 检验状态标识　待检产品、检验合格产品与不合格产品要分区放置,并有明确区域标识。

4. 设备标识

(1) 测量仪器和设备,要具有明显的检测标识。

(2) 非在用设备要有明确标识,如"暂停使用、待修理、报废"等标识。

六、特殊商品的管理

1. 特殊商品区域标识　特殊商品应当有专门区域存放并对该区域禁行标识。

2. 特殊商品的贮存和防护　针对不同类型的特殊商品,应当存放在适宜的贮存条件下,有适宜的转运工具、必要的工位器具和防护措施。

(丁冬冬)

参 考 文 献

1. 刘科佑,连捷. 眼镜门店营销实务. 北京:人民卫生出版社,2016.

2. 魏峰. 眼镜销售学. 上海:东华大学出版社,2010.

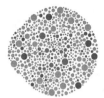

第五章　财　务　管　理

财务管理(financial management),通俗讲就是管理钱财活动的事务,即企业在生产过程中的资金运动及其所体现的财务关系。财务管理与每一个人都密切相关,作为眼镜店的管理者应掌握必要的财会知识,熟悉财会分析的基本方法,才能根据财务信息及时调整运营手段,以确保眼镜店保持良好的运营状态。

第一节　眼镜店的财务管理

财务管理的目标在于将投资者的财富最大化。通过财务管理可以协助眼镜店的管理者进行经营决策、提高眼镜店的经济效益以及眼镜店的管理水平。财务管理的内容一般包括:筹资管理(raising management)、投资管理(investing management)、资金运营管理(working capital management)和利益分配管理(profit distribution management)。采用的方法是:预测、决策、预算、控制和分析评价。

一、眼镜店财务管理的意义

眼镜店的财务管理是眼镜店管理的重要组成部分。在眼镜店日常管理中,一切涉及资金的收支活动都与财务管理相关。财务管理贯穿于眼镜店经营活动的全过程,是眼镜店管理的核心,有效的财务管理工作是眼镜店增收节支的有力保障。

1. 协助眼镜店的经营决策　在眼镜店的经营活动中,财务管理在协助经营决策和各项财务分析方面,起着重要的作用。主要有:为进行预测和规划提供必要的财务信息;为加强内部控制提供必要的财务信息;为衡量各部门绩效提供必要的财务信息。例如,在市场推广活动中,管理者可以通过财务分析决定把推广重点放在某一类或某一种商品上,从而帮助眼镜店获取更多的利润;在眼镜销售中,管理者可通过财务分析,确定产品的价格,迎合市场的接受能力,获得理想的利润。如果没有相应的财务信息,经营决策在缺乏依据的情况下会变得困难。

2. 促进眼镜店的经济效益　在每年的年终做出下一年度的财务预算编制,制定出下一年度的经营目标和盈利增长目标。通过强化监督机制和内部控制,加强对眼镜店经营活动中各种费用和耗材的控制,以节省人力、物力和财力来获得尽可能多的收益。

3. 提升眼镜店的管理水平　财务管理在指导眼镜店日常经营活动中发挥着积极的作

用。通过定期对经营数据进行分析，可以使管理者了解日常经营活动是否与既定目标相符；可以监督经营行为，把握经营方向；可以完善企业内部控制机制，提升企业效益。

二、眼镜店财务管理的内容及原则

眼镜店财务管理活动与大多数企业的财务管理活动相同，主要由筹资、投资、运营和分配四个环节组成。因此，眼镜店的筹资管理、投资管理、资金运营管理和利益分配管理就成为其财务管理的主要内容。

1. 筹资管理 是企业财务管理的首要环节，是企业投资活动的基础，即付出较少的代价筹集到足够的资金，以满足企业经营的需要。在筹资过程中，要遵循低成本原则、稳定性原则、可得性原则以及提高竞争性原则。

2. 投资管理 是企业财务管理的重要环节，是为了获得收益或避免风险而进行的资金投放活动。在投资过程中，应遵循集中性原则、适度性原则、权变性原则以及协同性原则。一般而言，投资按不同标准有不同的分类：

（1）投资方式：直接投资和间接投资。直接投资指资金投放在生产经营性资产上，以便获得利润的投资。例如：购买设备或店面。间接投资指将资金投放在金融商品上，以便获得利息或股利收入的投资。例如：购买债券、企业股票等。

（2）投资影响的期限长短：长期投资和短期投资。长期投资是指其影响超过一年以上的投资。如固定资产投资或长期证券投资。短期投资是指其影响或回收期限在一年以内的投资。如：应收账款、存货或短期证券投资。

（3）投资范围：对内投资和对外投资。对内投资是指企业自身在生产经营活动中的投资。例如：购置的流动资产、固定资产、无形资产等。对外投资是指以企业的合法资产对其他单位或金融资产进行投资。例如：企业与其他企业联营、购买企业的股票或债券等。

3. 资金运营管理 是企业财务管理中必不可少的环节。包括现金管理、应收账款管理、存货管理、流动负债管理等。在资金运营管理中，其原则是保证合理的资金需求、保证资金的使用效率、节约资金的使用成本、保持足够的短期偿债能力。

4. 收益分配管理 是指企业分配利益的政策，即企业是否分配利润，分配多少利润，留下多少利润继续用于企业的投资。因此，企业管理者在进行利益分配决策时，既要维护投资人的利益，还要考虑企业的长远发展。在收益分配管理活动中，应遵循依法分配原则、资本保全原则、兼顾各方利益原则、分配与积累并重原则、投资与收益对等的原则。

三、财务管理的方法

财务管理的方法是指：为了顺利实现财务管理目标，在进行日常财务管理的活动过程中采取的工作步骤和工作手段。主要有：

1. 财务预测（financial forecasting） 是眼镜店财务管理的首要环节。无论哪一种财务管理活动，都需要先进行科学合理的财务预测。这是企业进行财务决策的基础，也是编制财务预算的前提。财务预测一般根据历史资料，参考现实条件和未来发展趋势，运用特定的方法对企业未来的财务活动及其结果做出的科学预计和推断。一般分为定性预测法和定量预测法。

（1）定性预测法：也称为专家预测法，即利用直观材料，依靠个人经验的主观判断和综合分析判断能力，对事物未来的趋势和状况做出预测的一种方法。

（2）定量预测法：是根据有关变量之间存在的数量关系，建立数学模型来预测未来发展趋势和结果的一种方法。一般有趋势预测法和因果预测法。

定性预测法和定量预测法各有利弊，一般眼镜店多综合采用定量预测法中的两种方法来进行财务预测,以保证预测结果的准确性,为财务决策提供依据。

2. 财务决策(financial decision)是指财务人员按照财务目标的总体要求,利用专门的方法对各种备选方案进行比较分析,从中选出最佳方案的过程。财务决策是财务管理的核心,决策成功与否关系到企业的发展与生存。财务决策主要包括以下四个步骤:

(1) 根据财务预测结果提出待解决的问题,确定决策目标。

(2) 提出解决问题的备选方案。

(3) 对备选方案进行分析、评价和对比。

(4) 拟定择优标准,选择最佳方案。

财务决策的基本分析方法包括:单一分析法、比较分析法、框图分析法、因素替换法、假设分析法等。这几种方法各有优点,眼镜店管理者可根据自身发展情况来选择某种分析方法。

财务决策的具体分析指标是分析比较的基础,一般有三大类指标:绝对值指标(主要反映指标的增减变化)、百分比指标(主要反映指标绝对值增减变化的幅度或所占的比重)和比率指标(揭示各项目之间的关系)。

3. 财务预算(financial budget) 也称为财务计划。指运用科学的技术手段和方法,对未来财务活动的内容及指标所进行的具体规划。以货币形式反映生产经营活动所需要的资金及其来源、财务收入及支出、财务成果及分配计划。财务预算是以财务决策确立的方案和财务预测提供的信息为基础编制的,是财务预测和财务决策的具体化,是控制财务活动的依据。财务预算一般包括:现金预算、资本预算、成本费用预算、预计利润表和预计资产负债表等。财务预算的编制有以下三个步骤:

(1) 根据财务决策的要求,分析财务环境,确定预算指标。

(2) 对需要与可能进行协调,组织综合平衡。

(3) 选择预算方法,编制财务预算。

财务预算的方法一般有:平衡法、因素法、比例法以及定额法。具体采用何种预算方法,可根据企业经营的内容和性质来选择。

4. 财务控制(financial control) 指在企业财务管理中,以预算的各项定额为依据,利用有关信息和特定手段,对企业的财务活动施加影响或调节,以便实现预算所规定的财务目标。一般有以下三个步骤:

(1) 制定控制标准,分解落实责任。

(2) 实施追踪控制,及时调整误差。

(3) 分析执行情况,做好考核奖惩。

财务控制的方法有以下三种:

(1) 排除干扰控制:又称防护性控制或事前控制。指在财务活动发生前,就制定一系列规章制度,把可能产生的差异给予排除。

(2) 补偿干扰控制:又称前馈性控制或事中控制。是指通过对实际财务系统运行过程的监视,运用科学方法预测出可能出现的偏差,采取一定的措施消除差异。

(3) 平衡偏差控制:又称反馈性控制或事后控制。指在认真分析的基础上,发现实际与计划之间的差异,确定产生差异的原因,采用切实可行的措施,调整实际财务活动或财务计划,消除差异或避免今后出现类似差异。

5. 财务分析(financial analysis) 是指根据有关信息资料,运用特定的方法,对企业的财务活动过程及其结果进行分析和评价的一项工作。通过财务分析,可以掌握各项财务计划的完成情况,评价财务状况,研究和掌握企业财务活动的规律性,改善财务预测、决策、预算和控制,改善企业的管理水平,提高企业的经济效益。常用的财务分析方法有:

（1）对比分析法：是对财务报表所揭示的财务实际指标与所设定的比较指标进行对比，借以披露矛盾，评价业绩，找出问题或差距，从而进一步寻求改进及完善的措施。是一种常用的分析方法，在运用过程中要注意对比指标的口径一致。

（2）比率分析法：是利用财务报表不同项目指标间的相互关系，计算出相对比率，通过比率对比分析企业的经营业绩和财务状况。有相关比率分析法、趋势比率分析法和构成比率分析法三种。

四、财务管理的组织

眼镜店建立健全财务管理组织，是有效开展各项财务活动的前提，是顺利实施企业价值最大化目标的有力保障。

（一）眼镜店财务管理的组织形式

眼镜店财务部门的主要职责有：建立健全眼镜店财务管理制度，处理日常财务收支账目，对财产进行管理，管理流动资金，结算资金管理，收入成本费用管理，部分常用税种、税率及入库时间管理等。

眼镜店财务机构的设置随规模大小、内部管理的要求而定，没有完全的固定模式。例如：大型连锁眼镜店一般会有单独的财务部门，负责整个企业的财务管理工作；而小的门店，一般不会设置单独的财务部门。但无论哪种组织形式，财务部门在企业组织形式中占有重要的地位，一般直接由总经理主管（图5-1）。

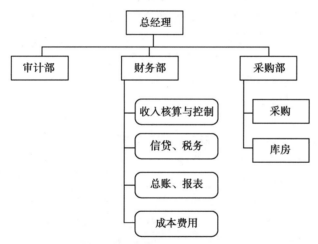

图5-1　财务管理组织机构示意图

（二）眼镜店财务管理法规制度

眼镜店应有自己的财务管理制度。制度的制定以国家相关法规为基础，对财务管理工作的原则和要求做出统一规范，是企业财务管理的行为准则。一般眼镜店的财务管理制度应含有：

1. 会计法　是规范会计行为的基本法律，用以保证会计资料的公允性和合理性，加强经济管理和财务管理，维护市场经济秩序。

2. 企业财务会计报告条例　是根据《会计法》制定的行政法规，用以规范企业财务会计报告，保证财务会计报告的真实性、合法性和完整性。

3. 企业会计制度　由国务院财政部通知制定颁布的，详细规定了企业会计核算的内容、主要经济业务的处理方法以及会计报表的格式、内容和编制方法。

4. 企业内部财务管理规定　可根据自身的规模和经营管理的要求，依据《会计法》《企业财务会计报告条例》《企业会计制度》制定，用以指导企业日常的财务活动。例如：眼镜店财务管理规定、眼镜店内部监督规定、眼镜店资金及票据安全管理规定、财务印鉴管理规定、发票管理规定等。

第二节 眼镜店财务报表分析

眼镜店的管理者通过财务报表，来了解门店的运营情况，判断眼镜店面临的现状，以及未来应采取何种管理措施以规避风险，做出正确的经营策略以保证企业高效有序地运行。因此，财务报表对眼镜店管理具有重要的作用。

一、认识主要的财务报表

在企业经营过程中，经常会见到：有些企业的资产负债表上总资产每年都在增加，可利润率却每年在降低；而有些企业每年的利润表上显示，盈利在增加，却陷入了财务危机；而有些企业主营业务没有显著增加，利润却增加很多。这些财务报表反映出的问题，究竟隐含了什么？所以，读懂财务报表，是每一位管理者应该学习的技能。

（一）资产负债表

资产负债表（balance sheet）又称为财务状况表，是指企业在某一特定日期（如各会计期末）资产情况、负债情况和投资者权益情况的会计报表。与其他报表相比，资产负债表是唯一一个描述某一特定时间点状态的报表，即企业在某一特定时间是资产大于负债还是负债大于资产。在进行报表制作时，根据会计平衡原则，分为"资产""负债及所有者权益"两大块，以特定日期的企业静态情况为基准。此表，隐含了一个关系（式5-1、表5-1）：

$$资产 = 负债 + 所有者权益 \qquad （式5-1）$$

即从表5-1中看，资产总计的年初数 = 负债 + 所有者权益年初数，资产总计的年末数 = 负债 + 所有者权益年末数。

表5-1 资产负债表

单位名称： 　　　　　　　　　　年 月 日　　　　　　　　　　单位：万元

资产	行次	年初数	期末数	负债和所有者权益（或股东权益）	行次	年初数	期末数
流动资产：				**流动负债：**			
货币资金	1			短期借款	34		
交易性金融资产	2			交易性金融负债	35		
应收票据	3			应付票据	36		
应收股利	4			应付账款	37		
应收利息	5			预收账款	38		
应收账款	6			应付职工薪酬	39		
其他应收款	7			应交税费	40		
预付账款	8			应付利息	41		
存货	9			应付股利	42		
一年内到期的非流动资产	10			其他应付款	43		
其他流动资产	11			一年内到期的非流动负债	44		
				其他流动负债	45		

资产	行次	年初数	期末数	负债和所有者权益 （或股东权益）	行次	年初数	期末数
流动资产合计	12			**流动负债合计**	46		
非流动资产：				**非流动负债：**			
可供出售金融资产	13			长期借款	47		
持有至到期投资	14			应付债券	48		
投资性房地产	15			长期应付款	49		
减：投资性房地产折旧及摊销	16			专项应付款	50		
投资性房地产净额	17			预计负债	51		
长期股权投资	18			递延所得税负债	52		
长期应收款	19			其他非流动负债	53		
固定资产	20			**非流动负债合计**	54		
减：累计折旧	21						
固定资产净值	22						
减：固定资产减值准备	23			**负债合计**	55		
固定资产净额	24						
生产性生物资产	25			**所有者权益（或股东权益）：**			
工程物资	26			实收资本（或股本）	56		
在建工程	27			资本公积	57		
固定资产清理	28			减：库存股	58		
无形资产	29			盈余公积	59		
商誉	30			未分配利润	60		
长期待摊费用	31			所有者权益（或股东权益）合计	61		
递延所得税资产	32						
其他非流动资产	33						
非流动资产合计	34						
资产总计	35			**负债和所有者权益（或股东权益）总计**	62		

单位负责人： 财务负责人： 复核： 制表：

简单来看，企业的资产负债表内容可由图 5-2 来说明。

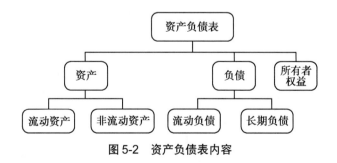

图 5-2 资产负债表内容

（二）利润表

利润表（profit statement）是反映企业在一定会计期间（如月度、季度、半年度和年度）收入、费用和利润情况的报告文件。企业在这期间，经营成果可能表现为盈利，也可能表现为亏损，因此利润表又被称为损益表。利润表是一种动态的会计报表（式 5-2、表 5-2）。

企业利润总额＝主营业务利润＋其他业务利润－管理费用－营业费用－
财务费用＋投资收益＋营业外收入－营业外支出　　　　　　（式5-2）

表5-2 利润表

单位名称：　　　　　　　　　　　　年　　月　　　　　　　　　　单位：元

项目	行数	本月数	本年累计数
一、营业收入	1		
减：营业成本	2		
税金及附加	3		
销售费用	4		
管理费用	5		
财务费用（收益以"－"号填列）	6		
资产减值损失	7		
加：公允价值变动净收益（净损失以"－"号填列	8		
投资收益（净损失以"－"号填列）	9		
其中对联营企业与合营企业的投资收益	10		
二、营业利润（亏损以"－"号填列）	11		
营业外收入	12		
减：营业外支出	13		
其中：非流动资产处置净损失（净收益以"－"号填列）	14		
三、利润总额（亏损总额以"－"号填列）	15		
减：所得税	16		
四、净利润（净亏损以"－"号填列）	17		
五、每股收益			
基本每股收益			
稀释每股收益			

补充资料：

项目	本年累计数	本年累计数	上年实际数
1.出售、处置部门或被投资单位所得收益			
2.自然灾害发生的损失			
3.会计政策变更增加（或减少）利润总额			
4.会计估计变更增加（或减少）利润总额			
5.债务重组损失			
6.其他			

单位负责人：　　　　　财务负责人：　　　　　复核：　　　　　制表：

（三）现金流量表

现金流量表（cash flow statements）指企业在一定的会计期间内，现金及现金等价物流入与流出的报表。现金指企业的库存现金以及可以随时用于支付的存款；现金等价物指企业持有的期限短、流动性强、易于转换为已知金额现金、价值变动风险很小的投资。

作为眼镜店的管理者，应关注现金流量表。因为：现金流量表体现了眼镜店的现金净流量信息，从而可以对眼镜店整体财务状况做出客观评价；现金流量表能够说明眼镜店在一定期间内的现金流入和流出的原因，从而全面体现偿债能力和支付能力；现金流量表能区分不同经济活动的现金净流量，能分析和评价眼镜店的经营活动是否有效。一般情况下，引起企业现金流量变动的因素，主要来源于企业的经营、投资与筹资活动（式5-3、表5-3）。

现金流量净额＝现金流入数额－现金流出数额　　　　　　（式5-3）

表 5-3　现金流量表

单位名称：　　　　　　　　　　　　年　　月

项目	金额
一、经营活动产生的现金流量	
销售商品、提供劳务收到的现金	
收到的税费返还	
收到其他与经营活动有关的现金	
经营活动现金流入小计	
购买商品、接受劳务支付的现金	
支付给职工以及为职工支付的现金	
支付的各项税费	
支付其他与经营活动有关的现金	
经营活动现金流出小计	
经营活动产生的现金流量净额	
二、投资活动产生的现金流量	
收回投资所收到的现金	
取得投资收益所收到的现金	
处置固定资产、无形资产和其他长期资产而收回的现金净额	
处置子公司及其他营业单位收到的现金净额	
收到其他与投资活动有关的现金	
投资活动现金流入小计	
购建固定资产、无形资产和其他长期资产支付的现金	
投资支付的现金	
取得子公司及其他营业单位支付的现金净额	
支付其他与投资活动有关的现金	
投资活动现金流出小计	
投资活动产生的现金流量净额	
三、筹资活动产生的现金流量	
吸收投资收到的现金	
取得借款收到的现金	
收到其他与筹资活动有关的现金	
筹资活动现金流入小计	
偿还债务支付的现金	
分配股利、利润或偿付利息支付的现金	
支付其他与筹资活动有关的现金	
筹资活动现金流出小计	
筹资活动产生的现金流量净额	
四、汇率变动对现金及现金等价物的影响	
五、现金及现金等价物净增加额	
加：期初现金及现金等价物余额	
六、期末现金及现金等价物余额	

单位负责人：　　　　　　财务负责人：　　　　　　复核：　　　　　　制表人：

二、财务报表分析概述

(一)资产负债表

1. 资产　企业的资产,根据其变现速度的快慢,又分为流动资产和非流动资产。

(1)流动资产(current assets):指企业在一年或者超过一年的营业周期内可以变现或者运用的资产,是企业资产中必不可少的组成部分。一般包括货币资金、短期投资、应收票据、应收账款或存货等。流动资产在其周转过程中,通常是以货币形态开始,经过周转又回到货币形态。企业流动资产周转的速度越快,变现的能力就越强,企业的资金生态链就会越雄厚。一般情况下,企业的流动资产大于流动负债(短期负债),表明企业偿还短期债务的能力比较强。关于流动资产,需要了解两个概念(式5-4):

1)流动比率:

$$流动比率=\frac{流动资产}{流动负债} \tag{式5-4}$$

在企业经营中,流动比率越高,企业资产的流动性越强,但并不表明越高越好。因为流动比率越高,意味着企业的闲置资金过多。而流动比率越低,短期债务到期,企业可能无法及时偿还。一般认为合理的流动比率在2:1为宜,但也要视不同行业的具体情况而定。

2)流动资产周转率:指一定时期内流动资产平均占用额完成产品销售额的周转次数,是主营业务收入净额与全部流动资产平均余额,主要反映流动资产的周转速度和流动资产的利用效果(式5-5、式5-6)。

$$流动周转率=\frac{主营业务收入净额}{流动资产平均余额} \tag{式5-5}$$

$$流动资产平均余额=(流动资产年初数+流动资产年末数)/2 \tag{式5-6}$$

因此,流动资产周转速度越快,意味着企业可以相对节约流动资产,扩大投资投入,提高企业的盈利能力。

(2)非流动资产(non-current assets):泛指企业资产中除流动资产以外的资产,在一年或者超过一年的一个营业周期内不能变现或者运用。主要包括持有到期投资、长期应收账款、长期股权投资、投资性房产、固定资产、无形资产、长期待摊费用、在建工程、可供出售金融资产等。

2. 负债　由企业过去的交易或者事项形成的、预期会导致经济利益流出的企业现时义务。根据债务偿还速度或偿还时间的长短,又分为流动负债和长期负债。

(1)流动负债(current liabilities):又称为短期负债,指企业在一年内或超过一年的一个营业周期内偿还的债务。主要包括:短期借债、应付票据、应付账款、预收货款、应付工资、应交税金、应付利润、其他应付款、预提费用以及一年内到期的长期负债。

(2)长期负债(long-term liabilities):指偿还期限在一年以上或超过一年的一个营业周期以上的债务。企业短期偿债能力是长期偿债能力的基础;长期偿债能力与企业的盈利能力密切相关;长期负债数额大小,将关系到企业资本结构的合理性。因此,企业要使资本结构保持稳健的态势,增强企业的偿债能力,降低企业的偿债风险。

3. 所有者权益(owner's equity)　也称股东权益。是在企业资产扣除负债后由所有者应得的剩余权益,即企业在一定时期所拥有或可控制的经济利益资源的净额,也被称为"净资产"。主要来源于:所有者投入的资本,也称为"股本";所有者投资后的经营增值;直接计入所有者权益的利得和损失(表5-4)。

表 5-4　xx 眼镜公司 2017 年度资产负债表

单位名称: xx 眼镜公司　　　　　　　　　　　2018 年 1 月 6 日　　　　　　　　　　　单位: 万元

资产	2017 年初数	2017 期末数	负债和所有者权益（或股东权益）	2017 年初数	2017 期末数
流动资产:			**流动负债:**		
货币资金	203.26	176.24	短期借款		
应收账款	9.18	19.37	应付账款	302.39	325.12
其他应收款	9.32	8.98	预收账款	0.23	15.03
预付账款			应付职工薪酬	5.35	7.06
存货	242.12	295.64	应交税费	17.20	24.92
一年内到期的非流动资产					
其他流动资产	125.62	166.59	其他应付款	25.99	36.76
流动资产合计	589.50	666.82	**流动负债合计**	351.16	408.89
非流动资产:			**非流动负债:**		
固定资产	574.74	587.00	长期借款		
减: 累计折旧	290.47	320.45			
固定资产净值	284.27	266.55	**非流动负债合计**		
无形资产	15.12	13.69			
长期待摊费用	54.14	76.61	**负债合计**	351.16	408.89
非流动资产合计	353.53	356.85			
			所有者权益（或股东权益）:		
			实收资本（或股本）	30.00	30.00
			资本公积	0.50	0.50
			减: 库存股		
			盈余公积	24.12	24.12
			未分配利润	537.25	560.16
			所有者权益（或股东权益）合计	591.87	614.78
资产总计	943.03	1 023.67	**负债和所有者权益（或股东权益）总计**	943.03	1 023.67

单位负责人: 刘 xx　　　　　财务负责人: 张 XX　　　　　复核: 李 x　　　　　制表: 冯 X

以 XX 眼镜公司 2017 年度的资产负债表为例,从表中我们可以看出:

(1) 2017 年初与年末的资产总计均与 2017 年年初与年末的负债和所有者权益相等,遵循了会计平衡原则。

(2) 2017 年初流动比率为 1.68,年末流动比率为 1.63,表明 XX 眼镜公司的流动比率相对上年没有发生较大变化。当其公司的流动比率相对上年度发生较大变化,或与行业平均值发生较大分离时,应寻找出现差异的原因,避免出现短期偿债能力不足。

(二)利润表

1. 营业收入(operating receipt)　是指企业在销售商品、提供劳务、让渡资产使用权等日常活动过程中获得的经济利益的总流入。一家企业的生存与发展主要依赖于主营业务的发展,主营业务收入不好,企业没有足够的利润,会导致企业不能正常发展。加强营业收入的管理,可以促进企业的再生产(式 5-7)。

$$营业收入＝主营业务收入＋其他业务收入 \qquad （式5-7）$$

2. 营业成本（operating cost）　又称为运营成本。是指企业所销售商品或者提供劳务的成本。了解企业是否盈利，可以将营业成本与营业收入进行比较。

（1）主营业务成本：指企业生产和销售与主营业务有关的产品或服务所必须投入的直接成本。包括：原材料、人工成本（如工资）、固定资产折旧等。眼镜店在销售眼镜的过程中，会伴随一定量的存货与进货，在此过程中，会产生一定的费用。对于经营企业来讲，营业（销售）成本越低，企业的经济效率越高，竞争力会越强。对于眼镜店来说，降低不必要的成本，可以改善企业的利润状况（式5-8）。

$$销售成本＝期初存货＋本期进货＋本期进货运费－期末存货 \qquad （式5-8）$$

（2）其他业务成本：指企业除主营业务活动以外的其他经营活动所发生的成本。例如眼镜店为顾客免费邮寄眼镜所支付的邮寄费。

（3）营业毛利（operating margin）：是营业收入减去营业成本后的结果。营业毛利与企业的最终净利润密切相关，营业毛利大，企业的净利润才会高。作为管理者，需要了解营业毛利率，如想提高毛利率，需要在增加销售、降低营业成本上下功夫（式5-9）。

$$营业毛利率＝\frac{营业毛利}{营业净收入} \qquad （式5-9）$$

（4）营业费用与营业成本的区别：营业费用是指企业在销售产品和提高劳务等日常经营过程中发生的各项费用以及专设销售机构的各项经费。例如：运输费、包装费、广告费、保险费、租赁费、展览费、差旅费、办公费、折旧费、低值易耗品的摊费等。总的来说，营业成本主要指购进商品所发生的成本，而营业费用主要是商品销售过程中所产生的各种费用。

（5）营业利润（operating profit）：指企业的税前利润，是企业缴纳所得税的依据。计算公式为（式5-10，表5-5）：

$$营业利润＝营业毛利－营业费用－资产减值损失＋投资净收益＋$$
$$公允价值变动净收益 \qquad （式5-10）$$

资产减值损失：指因资产的账目价值高于其可收回金额而造成的损失。

投资净收益：指企业投资收益减投资损失后的净额。

公允价值变动净收益：指公允价值与账面价值之间的差额，反映了资产在持有期间因公允价值变动而产生的损益，例如：采用公允价值模式计量的投资性房地产、交易性金融产品等公允价值的变动。

3. 净利润（net profits）　指在利润总额中，按规定缴纳了所得税以后公司的利润留存，也称为净收入或税后利润。此部分归企业自主支配。净利润的计算公式一般有两个（式5-11、式5-12）：

$$净利润＝利润总额－所得税费用 \qquad （式5-11）$$
$$净利润＝利润总额×（1－所得税率） \qquad （式5-12）$$

一般眼镜店的所得税率为25%，要想提高净利润，则要提高利润总额。

表5-5　XX眼镜公司2016-2017年度营业利润表

单位名称：XX眼镜公司　　　　　　　　　　2018年1月10日　　　　　　　　　　单位：万元

项目	2016	2017	增减额	增减率
一、营业总收入	1 467.15	1 657.04	189.89	12.94%
其中：主营业务收入	1 424.25	1 608.98	184.73	12.97%
其他业务收入	42.90	48.06	5.16	12.03%
二、营业总成本	1 237.42	1 518.86	281.44	22.74%
其中：营业成本	447.92	506.31	58.39	13.04%

续表

项目	2016	2017	增减额	增减率
其中：主营业务成本	445.52	506.31	60.79	13.64%
其他业务成本	2.40		(2.40)	100.00%
税金及附加	19.19	21.91	2.72	14.17%
销售费用	573.84	805.53	231.69	40.38%
管理费用	192.58	178.92	(13.66)	7.09%
财务费用（收益以"－"号填列）	3.89	6.19	2.30	59.13%
三、营业利润（亏损以"-"号填列）	229.73	138.18	(91.55)	39.85%
加：营业外收入	5.30	1.40	(3.90)	73.58%
减：营业外支出	0.65	0.78	0.22	33.85%
四、利润总额（亏损总额以"-"号填列）	234.38	138.80	(95.58)	40.78%
减：所得税	59.87	35.89	(23.98)	40.05%
五、净利润（净亏损以"-"号填列）	174.51	102.91	(71.60)	41.03%

单位负责人：刘xx　　　　　财务负责人：张xx　　　　　复核：李x　　　　　制表：冯x

从XX眼镜公司2016-2017年度资产负债表和营业利润表我们可以看出：

（1）与2016年度相比，2017年度营业收入虽然在增长，但营业利润和净利润在降低，管理者要查找原因，控制成本的增长。

（2）2017年销售毛利率＝销售毛利÷主营业务收入总额×100%＝（1 657.04－506.31）÷1 657.04×100%＝69.44%，该数据表明每百元销售，能获得69.44元的毛利。

（3）2017年销售净利润率＝净利润总额÷主营业务收入总额×100%＝138.80÷1 657.04×100%＝8.38%。该指标体现了销售收入的收益水平，通过分析销售净利润率的变动，可以促使眼镜店在提高经营业绩的同时，改善经营管理，提高盈利水平。

（4）2017年总资产净利润率＝净利润÷平均净资产×100%＝102.91÷[（591.87+614.78）÷2]×100%＝17.06%。该指标为眼镜店于2017年度净利润总额占平均净资产总额的百分比，反映了眼镜店投资者净资产的盈利能力。

（三）现金流量表

下面以现金流量来源的角度，具体了解企业的经营活动、投资活动与筹资活动产生的现金流。

1. 经营活动中的现金流　含企业主营业务的现金流和其他业务的现金流。眼镜店从事经营活动，一般是用现金购买镜架和镜片，然后镜架、镜片售出，转化为更多的现金。核算企业现金流一般有以下两种方法：

（1）直接法：通过现金流入和支出的主要类别，来直接反映来自企业经营活动现金流量的统计方法。此方法可以有效揭示出企业经营活动现金流量的来源与用途，有助于预测企业未来的现金流量。表5-3现金流量表是直接法统计。

（2）间接法：在企业当期取得净利润的基础上，通过有关项目的调整，从而确定出经营活动的现金流量。此方法可以揭示出净收益与净现金流量的差别，从而有利于分析收益的质量和企业的运营资金管理状况。间接法一般要进行四类计算：扣除非经营活动损益（如筹资和投资活动的损益）；加上不支付经营资产的费用（如计提的减值准备、计提固定资产折旧、无形资产摊销等）；加上非现金流动资产的减少（如存货减少、应收票据减少等）；加上经营性应付项目增加（如应付票据增加、应付账款增加等）。

2. 投资活动中的现金流量　指企业对长期资产（通常指一年以上）的购建与处置所产生的现金流量，包括购建固定资产、长期投资现金流量和处置长期资产现金流量。

3. 筹资活动中的现金流量　指导致企业资本及债务的规模和构成发生变化的活动所产生的现金流量，也包括现金流入和现金流出，并按其性质分项列示。在企业经营过程中，筹资是重要环节，尤其当企业自身资金不足时，筹资活动对企业的意义重大。

表5-6　XX眼镜公司2017年度现金流量表

2018年1月

单位名称：XX眼镜公司　　　　　　　　　　　　　　　　　　　　　　　　　单位：万元

项目	金额
一、经营活动产生的现金流量	
销售商品、提供劳务收到的现金	1 931.13
收到的税费返还	
收到其他与经营活动有关的现金	2.15
经营活动现金流入小计	**1 933.28**
购买商品、接受劳务支付的现金	641.15
支付给职工以及为职工支付的现金	512.75
支付的各项税费	222.24
支付其他与经营活动有关的现金	398.76
经营活动现金流出小计	**1 774.90**
经营活动产生的现金流量净额	**158.38**
二、投资活动产生的现金流量	
收回投资所收到的现金	
取得投资收益所收到的现金	
处置固定资产、无形资产和其他长期资产而收回的现金净额	0.75
收到其他与投资活动有关的现金	
投资活动现金流入小计	**0.75**
购建固定资产、无形资产和其他长期资产支付的现金	76.15
投资支付的现金	
取得子公司及其他营业单位支付的现金净额	
支付其他与投资活动有关的现金	
投资活动现金流出小计	**76.15**
投资活动产生的现金流量净额	**（75.40）**
三、筹资活动产生的现金流量	
吸收投资收到的现金	
取得借款收到的现金	
收到其他与筹资活动有关的现金	
筹资活动现金流入小计	
偿还债务支付的现金	
分配股利、利润或偿付利息支付的现金	80.00
支付其他与筹资活动有关的现金	
筹资活动现金流出小计	**（80.00）**
筹资活动产生的现金流量净额	**（80.00）**
四、汇率变动对现金及现金等价物的影响	
五、现金及现金等价物净增加额	**2.98**
加：期初现金及现金等价物余额	253.25
六、期末现金及现金等价物余额	**256.23**

单位负责人：刘xx　　　　　财务负责人：张xx　　　　　复核：李xx　　　　　制表：冯x

从表5-6可以看出：

（1）XX眼镜公司2017年度经营活动产生的现金流量净额为158.38，但投资和筹资活动处于亏损，因此净利润不高。

（2）2017年现金流量净额的增加主要来源于销售商品提供劳务收到的现金。

（3）XX眼镜公司经营活动现金净流量为正数，投资活动现金净流量为负数，表明其处于快速发展期，销售呈上升趋势，为扩大市场份额，需加大投资，必要时可用外部资金作为补充。

第三节　运营资金管理

运营资金是指流动资产减去流动负债后的余额。它是企业正常经营过程中必需的周转资金，它的多少直接影响企业的经营活动和效果。

一、运营资金的特点

1. 流动性　流动资产在生产经营过程中需经历供、产、销循环周转过程，这一过程时间较短，使流动资产变现能力较强。

2. 继起性　流动资产的价值表现是流动资金。流动资金的占用形态在时间上表现为依次继起、相继转化。以货币资金开始，经过周转最后以货币形态回归，其每一次转化都是一种形态的结束和另一种形态的开始。

3. 并存性　从空间上看流动资金的占用形态是并存的。即各种占用形态可同时分布在供、产、销各个环节中。

4. 补偿性　流动资产的投资回收期短，它的耗费能较快地从产品销售收入中得到补偿，即流动资产的实物耗费与价值补偿是在一个生产周期内同时完成的。

二、现金管理

现金被称为非收益性资产，是可以立即投入流通的交换媒介，其最大的特点是普遍的可接受性。眼镜店用现金来支付工资、购买镜架和镜片以及设备等固定资产，现金本身不能给眼镜店带来盈利，但眼镜店管理者在现金的流动性与安全性之间做出合理的决策，使眼镜店在高效、高质地开展经营活动的情况下，尽可能地保证最低现金占用量是现金管理的目的。

（一）现金日常管理与控制

持有现金一方面是为了满足日常支付业务的需要，例如支付工资、购买眼镜架和镜片、缴纳税金等；另一方面也为了应付意外事件对现金的需求以及满足特殊机会的需要，以获得收益等。为保证现金使用的合理性与安全性，眼镜店需要对现金进行日常管理与控制。

1. 眼镜店应具备的制度性管理

（1）内部控制制度：为了保护眼镜店资产的安全完整，保证经营活动符合国家法律、法规和内部规章制度，应制定内部控制制度。制度应包括以下几点：

1）岗位分工：经济业务与会计事项实行岗位分离，相互制约，即应遵循"钱帐分开"的原则，通俗讲管钱不管账，管账不管钱。

2）重大经济业务：重大对外投资、资产处置、资金调度和其他重要经济业务事项的决策和执行应当有明确的相互监督制约和程序。

3）财产清查：确定对财产清查的范围、期限以及组织形式。

4）对会计资料的内部审计：为了确保会计资料的真实、完整与合法，应制定内部审计规定。

（2）现金管理制度：不同的眼镜店有不同的现金管理制度，一般应包含以下内容：

1）规定现金的使用范围。

2）库存现金限额，即允许保留现金的最高数额。

3）规定当天现金收入应及时送存开户银行，不得将当天现金开支使用；不得以白条抵充当天现金，不得保留账外公款等。

（3）门店现金收入管理制度：眼镜店销售获得的现金，应有相应的规定。一般包含以下几点：

1）设专人收款，每日进行现金盘点及对帐，发现问题及时找出原因。

2）备用金设专人管理，发生费用支出后应及时报销，以补足备用金。

3）收入款项及时送存银行。

4）刷卡或电子支付产生的退货不能直接退现金，要按原付款途径退回。

2．现金日常管理策略

（1）货币资金收入管理：缩短收款时间，使应收款项尽早进入本企业的银行账户。

（2）货币资金支出的管理：推迟付款日期，延期支付账款的方法主要有：合理利用浮游量；推迟支付应付款；采用汇票付款；改进工资支付方式。

（3）闲置货币资金的利用：在保证主营业务现金需求的情况下，企业应将闲置资金投入到流动性强、风险性低、交易期限短的证券中，以期获得较多的收益。

三、应收账款管理

应收账款（accounts receivable）是流动资产管理的重要内容，是由企业处于市场竞争需要采取赊销政策所产生的。赊销方式在强化企业市场竞争地位和实力、扩大销售、增加收益、降低库存管理成本等方面有优势。但是，赊销方式也存在一些问题，一方面产生拖欠甚至坏账损失的可能性高；另一方面，由于应收账款在一段时间内不仅无法为赊销企业自身利用并产生价值，反而需要为其付出一定的管理费用。因此，企业在采取赊销方式前，需要衡量应收账款带来的利益与付出的成本之间是否平衡。

对于眼镜店经营来说，一般进货采取的方式有经销（买入付款）、代销（售出付款）以及数期（买入后确定付款期限，一般为 3 个月）三种方式。眼镜店的代销和数期方式，对于供销商来说实际就是应收账款。因此，眼镜店应充分利用好这两种进货方式，提高自身的经营效益。

四、存货管理

存货（inventory）是指企业在经营过程中为销售或者好用而储备的物资，比如眼镜架、眼镜片和眼镜盒等。企业拥有充足的存货，首先要保证生产销售的需要，其次整批采购价格上会有优惠。对于眼镜店来说，存货既有利于眼镜配装工作的顺利进行，节约采购费用与加工时间，同时又能及时满足顾客尽快戴上眼镜的需求，提高客户满意率。然而，存货增加会占用更多的资金，使眼镜店付出更多的持有成本，且相应的管理费用也会增加。存货管理的目标，就是要在存货的成本与收益之间做出权衡，达到两者的最佳组合。

（一）存货管理的相关成本

1．进货成本（purchasing cost） 为取得某种存货而发生的经济利益流出，包括进价成本与进货费用两部分（式 5-13）。

（1）进价成本：指存货本身的价值，一般用数量与单价的乘积来确定。

（2）进货费用：为取得货物而发生的各种费用，如差旅费、办公费等。

进货总成本＝进价成本＋进货费用　　　　　　　　　　　（式5-13）

2. 储存成本（storage cost）　为保持存货而发生的费用，包括存货资金占用费或机会成本、存货残损霉变等损失。

3. 缺货成本（shortage cost）　指因存货不足而给企业造成的生产损失、延误发货的信誉损失以及丧失销售机会的损失等。

（二）存货控制的方法

1. 经济批量模型　经济批量是指能在一定时期内某项存货的相关总成本达到最小时的订货批量。其计算公式见式5-14～式5-16：

相关总成本＝变动性订货成本＋变动性储存成本

$$TC=P\times\frac{A}{Q}+C_1\times\frac{Q}{2}$$　　　　　　　　　　　（式5-14）

其中：A——存货年需用量。

P——每次订货的变动性订货成本。

C_1——每件材料的年储存成本。

Q——每次订货量。

$$最优订货批量 Q=\sqrt{\frac{2PA}{C_1}}$$　　　　　　　　　　　（式5-15）

$$最小相关总成本 TC=\sqrt{2PAC_1}$$　　　　　　　　　　　（式5-16）

例1：李四眼镜店需要眼镜盒5 000个，每次订货成本为200元，每个眼镜盒年存储成本为2元，该种镜盒的采购价为10元/个，计算每次采购量为多少时成本最低？相关总成本是多少？

解：经济批量 $Q1=\sqrt{\frac{2PA}{C_1}}=\sqrt{\frac{2\times200\times5\,000}{2}}=1\,000$（个）

相关总成本 $TC_1=10\times5\,000+\sqrt{2PAC_1}=50\,000+\sqrt{2\times200\times5\,000\times2}=52\,000$（元）

2. 陆续到货模型

$$最优订货批量 Q=\sqrt{\frac{2PA}{C_1\times(1-\frac{n}{m})}}$$　　　　　　　　　　　（式5-17）

$$最小相关总成本 TC=\sqrt{2PAC_1\times(1-\frac{n}{m})}$$　　　　　　　　　　　（式5-18）

其中：m——每日到货量。

N——每日耗用量。

例2：张三连锁眼镜店全年需要某品牌镜片20 000只，订货后每日能运达200只，而企业每日需要消耗150只，每次订货的订货成本100元，每只镜片的储存成本为4元。计算最优订货批量与全年最低相关总成本。

解：最优订货批量 $=\sqrt{\dfrac{2\times100\times2\,000}{4\times(1-\frac{150}{200})}}=2\,000$（片）

最小相关总成本 $TC=\sqrt{2\times100\times20\,000\times4\times(1-\frac{3}{4})}=2\,828.4$（元）

3. 商业折扣模型　在供货方提供数量折扣条件下，若每次进货量达到供货方的进货批量要求，可以降低进货成本。一般情况，进货批量越大，可利用的折扣就越多。

实行数量折扣的经济进货批量具体确定步骤如下：

（1）按照基本经济进货批量模式确定经济进货批量。

（2）计算经济进货批量进货时的存货相关总成本。

（3）按给予数量折扣的不同批量进货时，计算存货相关总成本。

（4）比较不同批量进货时，存货相关总成本。此时最近进货批量就是使存货相关总成本最低的进货批量。

$$TC=TCk+TCo+TCc=K\times A+P\times\frac{A}{Q}+C_1\times\frac{Q}{2} \qquad （式5-19）$$

其中，K——采购单价；TCk——采购成本。

例3.XX眼镜店需购买镜布10 000块，每次变动性订货成本为50元，每块镜布年平均变动性储存成本为0.4元，当采购量低于600块时，单价为5元；当采购量≥600块，但低于1 000块时，单价为4元；当采购量≥1 000块时，单价为3元。计算最优采购批量及全年最小相关成本。

解：经济批量 $Q1=\sqrt{\dfrac{2PA}{C_1}}=Q1=\sqrt{\dfrac{2\times50\times10\,000}{0.4}}=1\,581$（块）

此时镜布的单价为3元

相关总成本 $=AP+\sqrt{2PAC_1}=3\times10\,000+\sqrt{2\times50\times10\,000\times0.4}=30\,632.5$（元）

第四节 成本费用管理

成本费用管理是财务管理的重要组成部分。企业通过对成本费用进行有组织有系统的预测、决策、计划、控制、分析和考核，可以促使企业降低成本费用，以少的费用成本支出实现较大的经济效益。

一、成本与费用

1. 成本与费用的区别

（1）成本（cost）：是指企业为生产产品提供劳务所发生的各种耗费。简单来说是为核算企业在一段时间内是否获利，搜集、归纳该段时间内生产产品所发生的各种费用。又分为产品成本和期间成本。

（2）费用（expense）：指企业在生产经营过程汇总所发生的各项耗费。换句话说，费用就是依照会计作业原则加以分类后，将企业日常运营所发生的支出，按照不同的类别加以归类、汇集、整理而成的记账科目。包括生产成本和期间费用。

（3）区别：费用是相对期间而言的，是指为获得期间收益而使用的资金，如销售费用。成本是相对产品而言的，是指为产出产品而支出的费用，如原材料等。由于产品的实际成本都是在一定期间内，所有与产品生产有关的各项费用的总和，因此，成本实际上是受期间约束的，即同样一种产品，其成本在不同的成本核算期间，会随着期间的生产绩效与使用费用的不同而不同。

2. 成本与费用的关系 在会计作业中，成本与费用密不可分。有些费用在会计作业上，可以作为成本项目，有些成本项目也可以当费用科目。

（1）从成本控制和改善的角度来看：成本组成项目几乎都包含在费用的范畴，两者可视为同义词。如降低原料成本也就是要降低原材料的费用；降低人工成本，意味着削减人工费用。此时的原料成本与原材料费用，人工成本与人工费用，可以视为一样的科目。

（2）从术语角度看：成本是成本计算时使用的术语，与一定单价的产品相关；而费用是损益计算时使用的术语,与一定期间的收益有关。

3.非成本项目的费用 在企业的经营过程中,某些费用要素,不是产品制造或生产过程中的经济价值的消耗,因此在产品进行成本核算时,不计入产品成本中。这些项目一般包括:

(1)与经营目的无关的价值减少项目。

(2)异常状态造成的价值减少项目。

(3)其他利润余额必须缴纳的税金项目。

具体内容详见图5-3

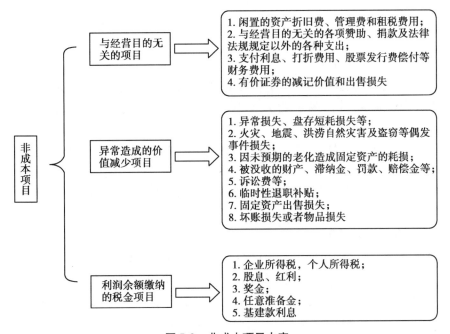

图5-3 非成本项目内容

4.成本费用的分类 为适应成本计算和管理的需要,对成本进行分类,可以将成本管理对象细化,寻求进一步降低成本的途径。成本费用主要可以分为以下几类:

按成本与特定产品的关系分为直接成本和期间成本。直接成本是直接用于顾客的成本即"主营业务成本",如眼镜架和眼镜片等商品的成本。期间费用是在一定会计期间发生的、与经营生产没有直接关系和关系不密切的销售费用、管理费用、财务费用等。期间费用在期间扣除,不计入主营业务成本,在利润表中体现。

1)销售费用:指企业在经营生产销售过程中所发生的各项费用以及专设销售机构的各项费用。如:保险费、广告费、包装费、租赁费等。

2)管理费用:指企业行政管理部门为管理组织经营活动而发生的各项费用。如:公司经费、工会经费、职工教育经费、失业保险费、咨询费、审计费等。

3)财务费用:企业为筹集生产经营活动所需资金等而发生的费用。包括:利息支出、汇兑损失以及相关的手续费等。

5.眼镜店成本的基本结构 眼镜店一般提供验光和配镜两种服务,其中验光、眼镜加工属于服务业范畴,即只出售劳力和时间,因而总成本的核心主要来自"人工成本",但有时也会有"原料成本"的发生。配镜(依照顾客的处方和顾客自身条件为顾客选择适合的眼镜架及镜片)属于商业范畴,即成本的核心主要来自购入商品的"进货成本"。

验光、配装成本 = 人工成本 +（原料成本）+ 营销费用 （式5-20）

$$配镜成本 = 进货成本 + 营销费用 \qquad (式5\text{-}21)$$

作为眼镜店管理者,要控制成本费用,才能提高企业的经济效益(式5-20、式5-21)。

二、费用预算编制方法

成本费用预算是在预测的基础上,以货币规定企业在一定时期内完成生产经营任务所需要耗费的生产费用额,并确定各种产品的成本水平和控制成本降低耗费的目标任务。是对预测成本运用决策手段进行调节和平衡的结果,表明了企业在现有的经济水平下,为达到成本水平符合预测要求,需要采取的改进方法和措施。

成本费用预算的编制,可以对各部门起到约束,是对生产耗损进行控制、分析和思考的重要依据;是编制其他有关经营预算的基础。正确编制成本费用预算是加强成本费用管理的重要环节。

1. 成本费用预算编制程序

(1)在广泛搜集和认真整理相关资料的基础上,分析上期成本的执行情况。

(2)进行企业成本计划指标的初步预测,确定计划期的目标成本,并拟定和下达各部门的成本控制指标。

(3)各部门发动员工拟成本控制指标,编制各单位的成本计划或费用预算,制定增产节约的保证措施。

(4)财务部门审核各单位的成本计划或费用预算,进行综合平衡和汇编整个公司的成本计划和费用预算。

2. 眼镜店成本费用预算

商品成本预算:商品销售成本是指已经售出商品的进价成本。由于眼镜架和眼镜片种类繁多,进销差价率各不相同,如果按综合进销差价率来制定成本预算,会使预算与实际发生较大的差异,一般会采取分类进销差价率计算,其计算公式为(式5-22、式5-23):

$$商品成本预算额 = \sum[预算期某类商品销售额 \times$$
$$(1 - 预售期某类商品进销差价率)] \qquad (式5\text{-}22)$$
$$某类商品进销差价率 = 月末某类的商品"进销差价"余额 \div$$
$$(月末某类商品库存商品余额 + 本月某类商品销售额) \qquad (式5\text{-}23)$$

例4. XX眼镜店销售甲品牌镜片100万元,进销差价率为70%;乙品牌镜片200万,进销差价率为65%;丁品牌镜片300万,进销差价率为60%,计算其镜片成本。

解:商品成本 = 100×(1-70%)+200×(1-65%)+300×(1-60%)=225(万元)

3. 期间费用预算　按归口分级管理的原则,先由归口管理部门编制预算,再由成本费用预算主管部门审核平衡后汇总。如:涉及差旅费、办公费可由办公室统一编制,涉及折旧费、修理费可由采购部编制,涉及咨询费、审计费、诉讼费可由审计部编制。

三、成本费用控制

成本费用控制是指企业在生产经营过程中,按照既定的成本目标,对构成产品成本费用的一切耗费进行严格的计算、调节和监督,及时揭示偏差,并采取有效措施纠正差异,发展有利差异,使产品实际成本费用被限制在预定目标范围之内。

1. 成本费用控制的意义　成本费用控制是成本管理的核心组成。科学的成本费用控制,采用较少的物质消耗和劳动消耗,能降低产品成本,取得较大的经济效益,提高经营管理水平。

(1)提高企业的经济效益,增强企业活力。成本费用控制,就是把各种耗费控制在一个合理的水平上,减少浪费,增强企业的竞争力。

（2）加强企业内部核算、巩固经济责任制。成本费用控制，就是要分清内部各部门对成本应承担的经济责任，以便进行合理的奖惩，促使各部门进一步加强成本费用控制。

（3）提高企业现代化管理水平。成本费用控制会涉及企业的各个部门，促使各部门统筹安排，协调一致，才能保证成本费用目标的实现，且能在控制过程中，发现各部门管理中存在的问题，及时改进，提高企业现代化管理水平。

2. 成本费用的控制标准　成本费用控制标准可以根据成本形成的不同阶段和成本控制的不同对象确定，主要有以下几种：

（1）目标成本：是在预测价格的基础上，以实现产品的目标利润为前提而设定的。通常是在产品设计阶段采用，把产品设计成本控制在目标成本范围内，就能保证新产品正常投产后取得预期的经济效益。

（2）计划成本指标：在编制成本计划后，可以确定各种成本计划指标。在操作过程中，将计划成本指标分解，分解方法可以是按部门，也可以是按岗位，这样计划指标更具体和细化，使成本控制工作落实到人，并把成本控制与成本计划、成本核算紧密结合起来。

（3）消耗定额：在产品生产的过程中，可以将各项消耗定额作为成本控制的标准。消耗定额是指在一定的生产技术条件下，为生产某种产品或零部件而消耗的人力、物力、财力的数量标准。用这些定额或标准控制生产过程中的人力耗费和物质耗费，是保证降低产品成本的必要手段。

3. 成本费用控制方法　进行成本费用控制必须先确定控制标准，标准不同，控制的方法也不同。成本费用控制的方法有：制度控制法、预算控制法、目标成本控制法、定额成本控制法、责任成本控制法和标准成本控制法等。

4. 眼镜店成本控制　眼镜店成本，包括商品成本、人力成本和设备折旧费等。而成本的控制主要控制商品的成本。商品成本随营业收入的变化而变化。营业收入增加，商品成本也随之增加，反之亦然。而人为成本和设备折旧费等，不随营业收入的变化而改变。

（1）眼镜成本率：在眼镜销售收入中，除去成本即为毛利。商品成本与营业收入之比，或减去毛利率，就是眼镜的成本率，用公式表示为（式5-24、式5-25）：

$$眼镜成本率 = \frac{眼镜成本}{营业收入} \times 100\% \qquad （式5-24）$$

$$或： \qquad 眼镜成本率 = 1 - 毛利率 \qquad （式5-25）$$

（2）眼镜店日常经营各环节的成本控制：

1）采购：采购是眼镜店经营的起点，也是成本控制的第一个环节。要做好采购阶段的成本控制应：制定采购标准；采购人员需熟悉相关商品知识；选择优质产品；制定采购审批流程。

2）验收：采购部要制定验货制度，一般从质、量和价格等三个方面验收。质：产品规格是否符合相关的国家标准；量：核对交货数量是否与发票数量和采购数量一致；价格：购进商品的价格是否与所报价格一致。

3）库存：库存是商品成本控制的重要环节，库存不当会引起商品的丢失或变质，造成成本的增高和利润的降低。每月月末，必须对库存商品进行盘存并填写盘存单。

4）原料发放：未经批准，不得从库房领料；只领取与制镜单相符的原料。

5）初检：按照国家相关标准对原料（眼镜架和眼镜片）进行检验，符合标准的进行下一步加工；不符合标准的，应按照不合格品处理。

6）眼镜装配：眼镜装配过程中的成本控制，主要是报损率，降低报损率，即降低成本。应做到：按照操作流程对镜片进行割边等；对成本较高的镜片，应由经验丰富的加工师进行加工。

7）终检：按照国家标准对装配好的眼镜进行检验。终检过程的成本控制，一方面要严格把关，避免让不合格产品进入下一环节，同时避免人为损伤镜片。

8）眼镜交付：交付环节是与顾客直接接触，需要根据顾客的面部特征对镜片进行个性化调校。此环节的成本控制，应制定眼镜调整规范；特殊脸型或特殊设计镜架，应由经验丰富的技师调整，避免眼镜损坏，造成成本增加。

（唐　萍）

参 考 文 献

1. 周兵. 中小企业财务管理教程. 北京：北京大学出版社, 2014.

2. 简泽明. 企业财务管理实务. 福州：厦门大学出版社, 2011.

3. 屠红卫, 申继英, 赵金芳. 旅游企业财务管理. 北京：北京大学出版社, 2014.

4. 文杨. 一本书读懂财务报表. 北京：中国华侨出版社, 2014.

5. 吴芳. 中小企业财务管理实务. 石家庄：河北科学技术出版社, 2015.

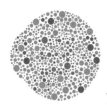

第六章　眼镜店的日常运行

本章学习要点

1. 掌握　眼镜店营业前、中、后的安排。
2. 熟悉　售后服务的常规处理流程,验光师、加工师的工作流程和管理。
3. 了解　销售人员的工作流程、管理;设备与耗材管理;眼镜店的安全管理。
4. 应用　眼镜店日常运行的流程管理。

第一节　眼镜店的日常运行流程

目前,眼镜零售企业的业态繁多,变化很快,不同的眼镜店有着不同的管理流程和风格。本节仅以绝大部分眼镜店的日常管理流程进行阐述,望能给予实际工作以提示和参考。

一、营业前安排

(一)营业前门店的布置流程(图6-1)

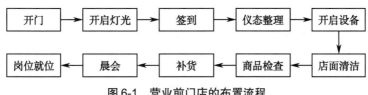

图 6-1　营业前门店的布置流程

1. 开门　负责开门的人员应提前到达。

2. 开启灯光　开启基础照明光源。

3. 签到　所有员工须在正式营业前打卡签到,这是对员工进行考勤管理的一项重要依据。注意不同的门店要求不同,可按照每个门店自行规定的员工行为规范要求进行签到。一般原则是:除负责开门的人员外,其他店员须准时到达;商场专柜按商场上班时间准时到达,每天需记录签到情况,比如未到人员及原因。

4. 仪态整理　员工个人形象代表着门店的形象,入店前要对个人的仪态仪表进行整理。不同的门店要求不同,可按照每个门店自行规定的员工行为规范要求进行仪态整理。一般原则是,眼镜零售门店会要求员工在规定时间内更换工作装,化妆,佩戴号牌于规定位置,妆容整洁卫生。

5. 开启设备　开启店面的照明光源、音响、空调等基础运营环境设施。

6. 店面清洁　不同的门店要求不同,可按照每个门店自行规定的店面规范要求进行清洁。比如：①全体员工参加清扫店内外工作。②用扫帚清扫店内杂物，擦拭地板。③清洁柜台、货架、商品、橱窗、模特等，不允许有灰尘。④清洁试衣间、仓库。⑤擦拭门窗玻璃。⑥任何有 LOGO 出现的地方要保持干净、明亮。⑦检查各类店内饰品：鲜花是否需要更换和换水，花瓶是否干净；形象架是否干净等。⑧收拾整理各种清扫工具，放到指定的位置，一般原则是：清洗地面及门窗，清洁商品、验光和加工设备，做到干净、整洁、无尘土，且清扫工作必须在正式营业前完成。

7. 整理商品并检查标签　每天须安排店员专人负责对柜台和货架上的各种形式陈列的商品进行归位、整理，做到整齐、丰满、美观大方、便于选购，不留有空位。检查价格标签，要求做到货价相符、货签对位、一货一签。整理商品的同时，要对柜台和货架上的商品进行简单清点，尤其是对高档镜架等重点商品及其商品质量要高度重视，如发现破损商品、过期商品要及时报损或作其他处理。

8. 补货　对于像隐形眼镜、护理液等短有效期的商品，要查看有效期，越临近有效期的商品要摆放在靠前或显眼处位置；及时补充店内日常销售货品，镜架及其他商品不要有太多的空缺，眼镜店日常工作所需辅料，如镜布、镜盒等需安排时间补充，查看顾客之前订购的商品：如定制的镜片和隐形眼镜等是否到位。

9. 晨会（morning meeting）　大部分服务性行业在营业前都会开一个晨会。晨会的目的是让员工精神饱满、充满激情地开始一天的工作，并要让员工非常清晰地知道当天或这段时间工作的重点是什么，按照什么方法去做，及时发现之前所存在的问题和避免问题的再次发生，对好的经验方法进行总结和推广等。

晨会的内容大致包括回顾总结、安排布置及现场激励等几个方面：

（1）总结昨日或前段时间工作中的不足和成绩：例如昨日客流较大，因服务不到位，从而严重降低了服务质量，与门店的运营理念相违背，如何在今后的工作中杜绝此类问题的再次发生；或者在昨日工作中，某位（或某些）员工在某些问题的处理和解决上有新的思路和方法，如何进行学习和推广等。

（2）及时传达公司或上一级主管部门的通告和信息：例如公司昨日通知开展新的推广活动，要让各位员工明确了解此次推广活动的主要对象、内容、目的、活动时间等，熟悉该活动的方法和操作流程；或者培训部门通知在××时间进行××内容的培训，针对此安排哪些员工去参加，如何安排相关的工作并做好相关的准备。

（3）确定和分解目标：例如需要确定晨会当日的销售任务是多少，平均分解到每个员工身上的目标应是多少，各员工之间如何有效地配合来完成总体和各自的目标。此外，对于一些重点产品、促销活动也需要制定当日的目标。

（4）晨会当日所需要跟进的工作：例如验光仪器出现了故障，在晨会时应立即将此问题反映并及时处理，在仪器不能正常使用时如何协调和安排。以及对晨会当日工作进行相关的布置，例如店内不同岗位人员的调动与安排，所需要增加的服务项目等。

（5）学习与交流：晨会的时间虽短，但仍然可以利用此段时间学习一点新知识，认识一个新产品，了解一种新方法。如果每天都能坚持，积累一段时间，作用也会十分突出。同时，也可让员工之间相互进行讨论学习。例如，让某位员工分享自己成功的经验，或者就之前店内发生的某件事情或某个问题进行分析和评判等。

（6）有效激励：晨会的一个重要作用是激励和鼓舞员工的士气。在眼镜店工作，实质上对体力以及对细心及耐心程度的要求都非常高。在一天当中，如果能够精神饱满，充满激情和活力，无疑对工作的帮助非常大。所以，晨会有点类似于给员工注入一支"兴奋剂"，能够以最大的热情将一天的工作做好。例如，许多眼镜店在晨会即将结束时，会以一支激扬的舞曲作为终结，或者共同高喊某个口号并共同击掌以示决心。

（二）验光师、加工师、销售人员的营业前工作安排

某些门店还开设了视觉功能检查及训练岗位、眼健康检查岗位、接触镜验配岗位、眼镜配适的定配岗位。本节仅针对门店基本的岗位人员，验光师、加工师、销售人员的营业前具体安排如下：

1. 验光师的安排　在接待顾客前，验光师需检查验光室内的所有仪器设备在接通电源后是否能够正常运转；对于综合验光仪、电脑验光仪等精密仪器，将保护罩取掉，检查其所在的位置；综合验光仪上各镜片是否调整归至零位；电脑验光仪是否处于正常的位置状态，并解除锁定；用镜布或柔软的绒布轻轻擦拭综合验光仪上的镜片及电脑验光仪上屏幕等。

翻看日志记录，了解今天是否有预约复查的顾客，对于这些顾客的屈光状态及可能的处理方法做初步的了解。

2. 加工师的安排　加工师需要检查加工室内所有的仪器设备在接通电源之后能否正常运转；对磨边机要做好清理和打扫，砂轮上和箱体中无残留的碎片和粉尘等。

核对是否有昨日未完工的眼镜，了解之前预订的定制镜片是否入库，并查看需要交付定制镜片的时间。

如果需要加工的眼镜较多，则要做好统筹安排。根据交付给顾客的时间和复杂程度做好规划：根据交付给顾客的时间做好排序，相同时间下，先做简单的，再做复杂的。

3. 销售人员的安排　对柜台、镜面、玻璃等物品进行清洁，确保无灰尘、印迹，这些物品的清洁程度将直接影响到顾客的购买意愿。注意：将物品清洁干净是对销售人员的基本要求。

对柜台内外的镜架等物品进行清洁码放，在摆放时力求视觉效果、艺术性和实用性三者有效地结合，避免出现杂乱无章或者过度拥挤。

一般在前一天下班前，销售人员会对所有的物品进行清点，但在营业前需要对所有物品进行大致的检查，如有空缺，应及时补充；对价格表、宣传单页、展示海报等，进行归置和整理；不同类别产品的宣传单页要分类放置；所有的价格表则要归置在一起。

检查射灯等照明设施是否有损坏，若有损害，应尽快反馈并更换。大厅内若有电视、DVD 等宣传播放设施，要确定当天需要播放的内容，并打开播放。

在前一天晚上账已结清的情况下，检查备用金，是否有足够的零钱用于找零。打开POS 机，检查能否正常使用。

核查当天取镜的顾客名单，核实无误之后，电话通知顾客来店取镜。

二、营业中安排

（一）眼镜零售门店的服务流程

按各自的企业文化而有所不同，现就常见的服务流程介绍如下：

1. 接待　使用礼貌性用语迎宾。

2. 服务　遵照企业不同的技术业务范围，依据企业内部不同的技术服务管理规范，提供验光等相关技术服务。

3. 销售　了解顾客的需求，介绍光学产品的风格、款型、材质、搭配等，鼓励顾客试戴，开单。

4. 收银　收银、打包等服务。

5. 加工　眼镜的配发、定制等服务。

6. 交付　包括查验、核对、复核、调整等环节，提醒顾客带好自己的物品，征得顾客同意的情况下帮助顾客提送商品等服务。

7. 其他　眼镜的调校、维修、清洗；适时做好顾客的跟踪回访工作；跟进受理任何客户

投诉等服务。

除了上述服务之外，为了改善顾客体验，眼镜店的一天运行过程中还需考虑：

（1）维护店铺卫生、灯光、音乐：在店面一天的经营空闲时间，每天安排人跟进，随时保持店铺地面、柜台、门口、样品等卫生；根据店铺的客流时间开启全部照明，及时对有问题的光源进行更换，调整光源位置，起到照亮店铺、展示商品的作用；依据店铺淡旺场的节奏，选择适当店铺的音乐播放，选择的播放音乐须符合门店规定。

（2）根据淡旺场来调整卖场气氛及工作重心：平日的店面管理重心还将根据淡旺场而调整，若是淡场，店长应着重：人员分配、气氛调节、流程细节、店务工作、附加推销、货品补充、迎送宾客以及学员继续教育学习等的管理。若是旺场，店长应着重：人员分配、音乐要求、成交速度、区域划分、热情有礼、把握节奏等的管理，比如旺场或营业高峰时容易缺货，店长应要求店员及时发现商品缺货情况，并进行补货：以补满货架或促销区为原则，尽量不堵塞通道，不妨碍顾客自由购物，补货时要注意保持卖场的清洁。

（3）监督和带教店员的正常工作情况：监督和带教是店长日常的责任，当店面出现人手的短时不足时，需根据店员的特点和擅长，灵活调度，合理地交叉安排任务以保证日常工作的正常开展。

（二）验光师、加工师、销售人员营业中的工作安排

目前，眼镜零售门店的业务类型很多，岗位大多交叉融合：部分门店实行严格的定岗定责；部分门店实行验销合一（验光师和销售人员为同一人负责）；部门门店的店长同时身兼销售人员的职责等。基于此，负责眼镜店管理的店长，应按照门店的文化，门店人员的实际情况，熟悉基本岗位人员（验光师、加工师、销售人员）的职能和管理（具体见本章第二、三、四节），灵活安排，尽量定岗定责，将责任和义务落实到人头上。

三、营业后安排

如图6-2。

（一）库房清点，卫生整理

1. 检查当日加工急件配送是否完成。

2. 对当天库房总数进行清点（一般来说，专柜类的门店要做好每天的清点工作，街铺门店也至少每天进行一次数量清查）。

3. 对店铺地面、收银区域、库区进行整理和清洁。

（二）结算账务

1. 现金、POS小票与总销售的核算。

2. 相应报表的制定。

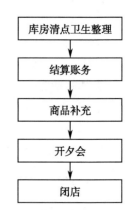

图6-2 营业后门店的服务流程

3. "货款合一"的商店，店员要按当日票据或销售卡进行结算，清点货款及备用金，如有溢、缺应做好记录，及时做好有关账务，填好缴款单，签字后交给店长。

4. 对相关需要签字的票据做好留存，各种代金券、卡、赠品券等核算工作。

5. 对当天进出库票据做好记录工作。

6. 做好收银员的监督工作。

（三）商品补充

1. 对没有及时出样的在售样品，进行出样补充。

2. 对销售完且需要补货的商品，及时列单做补货计划，报至相关人员进行补充。

3. 对当天收到的，不能在当店进行维修的残品，及时与相关部门联系进行返修和外修。

4. 对已收到返回的客订商品或残品，及时通知顾客到店取货或安排人员送货。

5.对当天销售中陈列区域有问题的商品进行重新调整位置。

6.对当天销售过程中出现的配戴不适的样品及顾客提出的建议和意见要及时反映给相关部门备案,做好记录并汇总至相关部门。

（四）开夕会

1.分析总结当日的销售完成情况。

2.对当天全部店务工作进行总结,对出现的问题要在夕会中进行沟通解决。

3.总结当天促销活动的情况,及时向相关部门做反馈和沟通。

（五）闭店及电源安全

1.全部工作完毕后关闭所有电源,并做好相关安全检查工作(详见本章第七节)。

2.安排好当天锁门及次日开门的人员。

3.做好离店记录。

第二节 验光流程的管理

一、验光考核管理

验光是理论和技能并重的职业,验光师的业务素质是决定验光配镜质量的关键,验光配镜的质量又直接影响到消费者的眼部健康。作为验光师,首先要初步了解眼科的基本知识:包括眼球的构造、眼屈光的原理、光学成像原因、屈光不正的分类以及各类屈光不正的临床症状和防治方法等;其次,验光师要能够熟练使用精密、先进的仪器设备;此外,还要求验光师具有较强的亲和力、语言表达能力、良好的沟通协调能力和团队协作精神。

由此可知,验光师的从业素质可以分为两大方面,一是要具有必备的专业能力;二是要具有一定的个人综合能力,如沟通、表达、协调能力等。所以验光流程的考核管理就将以验光师的两大从业素质为中心来开展。

在对视光师的专业能力进行日常考核时,通常是企业结合不同眼镜店的业务范畴和主要服务对象及要求等情况,建立适合不同定位的眼镜店的验光流程,再对验光师相应的职责范畴进行明确的规定。所以,任何企业在制定一个新的标准流程时,必然会打破验光师所习惯的流程和方法,而对于大多数人而言,更愿意做的是轻车熟路的事情,但是,如果验光师一旦接受并开始使用,能够体会到流程带给自己的方便和好处,则自然而然地变成一种习惯。

除此之外,企业的管理者通常会结合眼镜店的定位风格、眼镜店所拥有的仪器设备、眼镜店的主要业务范畴和主要服务对象等,建立一套验光师资格结合个人综合能力(沟通、表达、协调能力等)的评估体系。

对不能通过考核者,可采取不同的管理措施,例如:调岗、再培训、必要时可给予适度降低工资处罚等;对考核表现优异者,可通过实物、资金、荣誉、晋升等不同方式予以奖励。

二、流程建立

验光作为一项主观性非常强的学科,顾客的主观感受,验光师自身的经验和判断等很多因素都会影响到验光度数的准确和一致性。但是,通过标准的验光流程与方法,加上验光师严格按照标准操作,就能够最大限度地有效避免失误的发生概率。另外,按照流程去操作,也是提升验光师技能水平的一条捷径,能够最快速地复制和培养验光师,这对于连锁店而言,具有非常重要的意义。

验光的标准化专业流程,需要由"内行人"来制定、贯彻执行并考核。这要求他既懂得目前国内相对比较规范、科学的验光流程，也能够根据眼镜店的实际需要和现阶段验光师的整体水准来综合考虑并拟定此流程，绝不能完全照搬书上的内容，否则很难真正地让验光师应用。

除了验光的标准化专业流程之外，企业尚需建立专业的沟通体系，而沟通体系的建立过程同时也是验光师个人综合能力逐渐提升的过程。与一般沟通所不同的是，验光师与顾客的沟通大部分是发生在为顾客验光的过程中，所以可以认为这是一种建立在专业基础上的沟通。实际工作中，针对验光的每个步骤，不同的顾客对象，可以经讨论拟定出一套比较标准的沟通语言，以作为模板让验光师学习使用。此外，顾客也会问到各式各样的问题，对于这些问题也可以分类归集，经讨论后找到相对合适的答案。这些沟通语言并非是一成不变的，可以循情予以更新补充。

验光标准流程的制定并不复杂，难在严格的执行，尤其是初期推广时，更是如此。所以，只有建立企业内部的专业培训体系，督促技术人员不断地进行常规的专业技能培训、综合能力培训、经严格考核才能形成一个良好的学习氛围，促进其建立自我学习体系，自觉执行维护标准流程。

三、流程管理

一旦流程建立后，管理者将在门店中推广试运行，在限定的试运行期间，可根据验光师的反馈做出相应调整。管理者确定流程后，需规定验光师必须以流程为准绳规范自己的验光服务过程，一般可通过对流程的日常考核、业务指标达成率、顾客服务满意度回访、验光电子数据录入情况、自我学习达成率等指标作为管理的参考依据以保证每个验光师能在日常工作中按照确定的流程遵守执行。值得注意的是，流程并不是一劳永逸的，随着行业的发展，门店的定位改变，流程也会随之发生改变。所以，管理者需顺势及时更改流程以紧跟行业发展。

第三节　销 售 管 理

一、销售考核管理

销售是一项非常具有挑战性的工作。对于眼镜店销售人员而言，更是如此。除了要具有必备的专业知识和眼镜商品知识，还应具有一定的销售素质，只有在这两者高度结合下，才能成为一名比较优秀的眼镜销售人员。

由此可知，眼镜店销售人员的从业素质可以分为两大方面，一是要具有必备的专业知识和眼镜商品知识；二是要具有一定的销售素质。所以，销售人员的考核通常以从业人员的两大从业素质为中心来开展。

对于销售人员的日常考核而言，通常是销售素质的考核略重于必备专业知识的考核。在销售素质方面，管理者会看重销售人员的以下几个方面：

1. 是否有信心　信心是对销售人员最基本的要求。它包括两个层面：一是对自己有信心，非常熟悉自己所销售的产品和服务；相信自己在售前、售中和售后的服务状态都是最好的。二是对顾客有信心，相信顾客会购买自己的产品。因而要专注于每一个顾客，且不要轻易放弃任何一个顾客。

2. 是否有耐心　没有耐心的销售就是走过场，特别是眼镜行业，本身信息高度不对称，销售人员要有足够的耐心去给顾客介绍适合顾客的产品和讲解相关的知识。

3. 是否细心　销售人员需要探索顾客的需求，了解顾客的性格，揣摩顾客的心理变化，判断顾客的购买意愿，这些都需要通过销售人员的细心去把握。

4．是否热心 对顾客要热情，而不应冷漠，真正为顾客的视觉健康而考虑。这是眼镜销售人员最需要具备的一种品质。

除此之外，管理者会要求销售人员有一定的视光专业基础知识。而对于销售人员而言，虽然对其视光专业基础知识的要求并不需要像验光师那样高，但需要销售人员能够从专业的角度为顾客去解释商品，以及能够回答顾客所提出的一些专业问题，所以要求销售人员熟悉与销售相关的专业概念：如屈光不正的概念、基本的矫正方法等；透彻理解与商品相关的一些基础知识：例如折射率、阿贝数、镜片的相关材料、膜层的分层和变色技术等。注意：切忌在销售时说行外话。

最近几年，眼镜行业的技术层面提升非常快，商品线非常丰富和全面，因此，对于销售人员商品知识方面的要求是丰富的、与时俱进的。销售人员的工作是将合适的产品推荐给合适的顾客，前半句就意味着销售人员要对所销售的商品非常熟悉；而在实际工作中，许多商品概念性的知识点越来越多，与应用脱节比较大，如何将这些概念性的知识正确无误且非常清晰地传递给消费者，是对销售人员的一项挑战。比如，某项新技术能够给顾客带来更好的视觉效果，但好到什么程度？为何能够带来这样的效果？这就需要销售人员能在透彻理解该项技术的基础上，将它转化为易懂的语言来向顾客讲解。

所以，对销售人员的知识考核应包含与销售相关的视光学基础知识和商品知识，而商品知识的考核应体现两大要求：一是销售人员是否能跟进商品进展理解商品；二是销售人员是否能用顾客可以明白的语言进行表达（图6-3）。

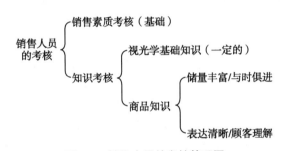

图6-3 销售人员的考核管理图

二、流程建立

常见的服务流程详见第一节眼镜店的日常运行流程，与销售人员相关的流程有接待、销售、收银、交付等。不再一一赘述，现着重讲解销售人员配合眼镜店管理者参与的管理工作流程。

（一）商品的管理

眼镜店的商品管理实质上是一项非常复杂的工作，所涉及的层面非常多。比如商品入库之后会存在进销存管理、盘存管理，交付给门店之后存在商品如何摆放、展示和最大化销售，以及针对商品的安全性管理等。

1．进销存管理

（1）建账：商品入库之后必须建立相应的商品账目，销售人员领取商品之后，进行出库。要做到库房已出库商品的数量与门店未销售的商品数量和已销售商品数量保持一致。

如果未实现电子账目和信息化管理，销售人员要签收出货单。出货单一式三份，门店留存一份，其余两份交回库房，库房留存一份，转交财务部另一份。

对于已销售商品，可做销账。销售人员必须整理收集好所有商品进销存的原始凭证，如出货单、调货单、退货单、销售票据、盘点表等,这样能够保证库存商品与门店商品保持平衡。

（2）盘点（check）：眼镜店商品盘点可分为日盘总数、月盘明细。日盘总数即每天早晚班销售人员交接班时对货品进行总数盘点,双方一致确认后在交接本上签字。月盘明细即每月由财务人员随机对店铺进行盘点,月盘时必须核对明细账。盘点表一式两份,盘点结束后,店长与盘点人员分别签字确认,当月盘点表必须归档保存,以备下月查实。盘点时,分清畅销品和滞销品,根据情况补货或调换商品位置。旺季时将店内所有品牌的商品尽可能地按型号、款式补齐,然后再根据周转率补货,淡季时要控制库存量,将库存降到最低,同时要保证畅销商品的货源,多动多换其摆放位置,保证商品的新鲜感。

2. 商品折扣管理　为促进滞销商品的销售,维护客户关系,或者是配合眼镜店整体促销计划,一般大部分眼镜店全部或部分的商品都会有一定的折扣率。商品折扣是一把双刃剑,如果运用并管理好,则有利于销售;若管理不好,则会造成很大的混乱,甚至诱使销售人员从中渔利。商品折扣的管理方式有：

（1）凭证折扣：凭证折扣即顾客凭借眼镜店所给予的折扣卡或折扣券,到店内享受指定或全部商品的折扣。如果凭借折扣卡,就必须要建立相应的读卡信息体系;如果凭借折扣券,则该折扣券要附在顾客销售单据的后面,以便财务的核查。

（2）权限折扣：眼镜店会给予不同级别的人员予以不同的折扣权利,例如店长有 8.5 折的折扣权利,班组长有 9 折的折扣权利。销售人员申请折扣,必须经管理人员签字才能生效。

（3）商品折扣：指针对某些商品进行长期或临时的折扣。此类商品折扣无需签字批准,在销售单据上表明即可。

3. 陈列管理（display management）　有效的商品陈列必须保持货品干净、摆放整齐、标识齐全、明码标价,货品售卖区禁止摆放与售卖货品无关的物品,能够最大化地吸引顾客眼球,激发顾客的购买欲望和潜能,从而最大化地促进销售。要做到最佳陈列,有几个原则供参考。

（1）分类分区的原则：不同的产品陈列应按类进行陈列,如镜架、护理产品都有特定的区域陈列,使得产品的摆放更有序,一目了然。

（2）易见易取的原则：在开放式的陈列区域内,对于重点商品,要能够让顾客关注到,并方便顾客体验。

（3）满陈列原则：在所陈列的商品中,若有已销售的,应尽快补充。

（4）先进先出原则：对于护理液、隐形眼镜等近有效期的,要优先摆放最临近有效期的商品。

（5）季节（节日）性陈列原则：要根据不同的季节和节日,变换陈列的格调和主题。建议根据店内的主次位,制定自己商品调换位置的频率和拜访量,尽量保持商品在"动"的状态。

4. 安全管理　商品的陈列越来越趋于开放性,注重增强顾客的体验,而所陈列商品的档次和价格也越来越高,因而对商品的安全管理带来了挑战。

（1）明确责任人：对店堂所陈列的商品,要按照区域进行划分,明确相关责任人。

（2）每天盘点：对重点商品要做到每天核对盘点。

（二）收银管理

眼镜店的收银管理,即店内收银人员（可专职或兼职）负责当天的现金和刷卡收银、管理、汇总等。

店内收银的相关制度　眼镜店对收银员在收银过程中的要求如下：

1. 面对顾客要唱收唱付,所有的收款和找零都要当着顾客的面处理完毕,并确保准确,这是收银工作的核心。

2. 认真清点和妥善保管所受理的现金和票据,避免原始票据的遗失。

3. 对于顾客交付现金的,一定要使用验钞仪,避免收到假币。

4. 每次交班前都要做好结账工作,并把相关的单据和现金交给财务人员,交款时须两人以上陪同,未结账者不得擅自离岗。

5. 严禁将底金放在收银台内过夜。

6. 认真核对销售人员所开票据上的商品名称、数量。

（三）销售分析的管理

销售分析（sales analysis）又称销售数据分析,主要针对眼镜店所销售产品进行分析。主要包括:

1. 畅滞销商品分析　是单店货品销售数据分析中最简单、最直观,也是最重要的数据因素之一。在一定时间内销量较大的商品,称为畅销商品;而滞销品则相反,是指在一定时间内销量较小的商品。畅滞销商品的分析为管理者改变目前商品的结构提供参考依据。减少滞销商品的数量,可以有效减少库存的压力,对提升货品和资金的周转有很大的帮助。

2. 运营分析　对进店人数、成交率,验光人数、验光后成交率,分类产品的销售状况,如框架、镜片、隐形眼镜等进行分析。即使是镜片,也可以分为单光镜片、定制镜片、渐进镜片和其他功能性镜片等各自不同的销售情况,也可以按镜片的品牌进行分析。运营分析可以真实地帮助我们了解在运营过程中存在的问题,工作的重点方向等。

3. 销售/库存对比分析　通过此分析可以帮助我们知道,哪些商品贡献了最大的业绩,哪些商品贡献了最大的利润,哪些商品既贡献了最大的营业额,又贡献了最大的利润。这对于调整商品结构和改变销售策略能够提供很大帮助。

4. 新老顾客贡献率分析　一般来讲,一家处于成熟期的眼镜店新老顾客之比约为4:6,如不符合此比例,说明眼镜店内部尚存在某些问题或有可挖掘的潜力。

5. 客单价分析　客单价即平均销售额,是影响个人销售业绩和店铺整体销售业绩最重要的一项因素。对比相同消费档次和规模的眼镜店,单价过高或过低都不利于眼镜店的正常运营。

三、流程管理

一旦流程建立后,管理者将在门店中推广试运行,在限定的试运行期间,可根据销售人员的反馈做出相应调整,流程一旦确定后,需规定销售人员必须以流程为准绳规范自己的服务过程,管理者可通过对流程的日常考核、顾客满意度回访、验光、销售指标达成率、账单结算正确率、货品陈列周转率等指标作为管理的参考依据以保证每个销售人员能在日常工作中遵照确定的流程。同理,流程并不是一劳永逸的,随着行业的发展,门店的定位改变,流程也会随之发生改变。所以,管理者需顺势及时更改流程以紧跟行业发展。

第四节　加工及检验

一、考核管理

加工是一项手工艺要求比较高的工作,主要是由加工师一个人独立完成一副眼镜的加工制作。对于不同的镜架设计,不同的镜片品种,不同的镜架镜片材质,不同的顾客需求,都要有非常清晰的了解。这需要加工师有钻研和尝试的精神,同时要深入了解镜片和镜架的知识。另外,加工师要和验光师、销售人员之间能够相互配合,在这三者中,加工师起到承上启下的作用,上承验光结束后顾客合理选择商品,下及销售人员交付顾客时帮助调校的工作。

所以，眼镜店加工师的从业素质可以分为两大方面，一是要具有验光、商品特性等方面的必备知识，以及自身的加工调校技能；二是要具有一定的沟通能力。

眼镜店加工师的日常考核会根据企业的不同规定，每6个月或每年考核一次，其中，定中心和散光轴位是关键质量控制点和重要工序，应予以重点考核。另外，少数有自身培训体系的大型连锁眼镜企业会在日常考核中设计沟通相关内容的考核。

二、流程建立

（一）按照 GB 10810.1—2005、GB 10810.2—2006、GB 13511.1—2011 的国家标准建立配镜流程

一般配镜流程参考图6-4。

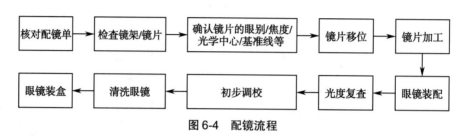

图6-4　配镜流程

（二）检验流程

1. 按照 GB 10810.1—2005、GB 10810.2—2006、GB 13511.1—2011 的国家标准对定配眼镜建立检验流程。

2. 检验项目应包括：单焦点定配眼镜检验项目、双焦点或多焦点定配眼镜检验项目、渐变焦眼镜检验项目、特殊镜片的检验项目。

根据验光处方进行定配眼镜检验时，需逐项进行检验，如有一项不合格，应返工、返修或重新加工。每副定配眼镜应建立检验记录，检验记录应完整、准确、真实、便于追溯，至少保存2年以上，其中应包括的主要检验栏目有：顶焦度、柱镜轴位、光学中心水平距离、光学中心水平互差、光学中心垂直互差的数据记录。对于使用电子介质的检验记录，需建立程序确保其无法在没经授权的情况下修改原始数据。

三、流程管理

加工及检验的流程建立后，管理者将在门店中推广试运行，在限定的试运行期间，可根据眼镜店加工师的反馈做出相应调整，流程一旦确定后，需规定眼镜店加工师必须以流程为准绳规范自己的服务过程，管理者可通过对流程的日常考核、顾客满意度回访、加工报残率等指标作为管理的参考依据以保证每个眼镜店加工师能在日常工作中遵照确定的流程。同理，流程并不是一劳永逸的，随着行业的发展，门店的定位改变，流程也会随之发生改变。所以，管理者需顺势及时更改流程以紧跟行业发展。

第五节　交付及售后服务

一、查验

主动接过取镜单据，查验付款方式、取镜日期、配镜门店、取镜门店，查找眼镜。如顾客预付定金，指引其至收款台补交货款后为其取镜；如顾客交付支票，通知收款台与公司财

务部核实支票到账后为其取镜；如遇顾客来取定活，待取屉内未能找到，应负责按手续查清情况，不得推诿；如遇顾客取镜单丢失，经查实，在记录本上登记顾客有效证件的相关内容，顾客签字后，方可为其取镜；如顾客提前取镜，也要主动查找眼镜，尽量帮助解决；如遇误期或需回修要主动向顾客解释延期的原因并道歉，告知顾客新的取镜日期，并做好登记，负责督催。

二、核对

核对取镜单与所取眼镜的配镜单的姓名、光度、镜架、镜片、型号、品种、验光处方单、配镜加工订单和合格印鉴等防止差错。

三、复核

再次检查整副眼镜有无明显划伤等表面质量问题，发现问题按手续报残并立即与柜台或库房联系更换。如无库存向顾客说明原因，尽量按顾客要求择日取镜。

四、调整眼镜

调校眼镜时要精神集中，防止差错残损。将调校合适的新配眼镜交于顾客现场试戴，按顾客的脸型进行特殊调整；对于严重变形的眼镜，调整前应向顾客讲明调整中可能发生的情况，在得到顾客同意后，方可进行调试。

五、眼镜交付

调整合适后，拭净眼镜，检查定配眼镜是否包装完整，连同配镜单、赠送的镜盒、镜布等交予顾客，并告知顾客新眼镜要有1～2周的适应期。向顾客普及护眼、眼镜使用、日常维护知识；特殊材质商品注意事项介绍、售后服务及"三包"内容。

六、服务承诺

1. 不符合国家有关标准规定的（人为损坏及非正常使用除外），均依照国家有关法规进行退货、更换、修理等处理。
2. 在下列期限内因质量出现的问题，均按先行负责的原则执行。
3. 减反膜镜片，正常使用情况下出现6个月内脱膜，无条件更换。
4. 太阳镜、成品花镜，产品及包装完整无污损，7天内可以退换。
5. 为外地顾客提供代寄眼镜及护理产品服务。
6. 顾客可享受免费眼镜清洗和调整服务。
7. 顾客可享受免费配螺丝、鼻托、加装防过敏套服务。
8. 顾客可享受免费眼视光保健咨询服务。

七、投诉

接待顾客投诉（complaint）的一般步骤是问诊；了解顾客旧镜弯度、内散、外散及配戴习惯；使用焦度计核对眼镜参数与验光处方是否一致；再按照国标GB10810.1—2005、GB13511.1—2011的要求，检查眼镜的质量；必要时调整镜架，重新复核验光度数；最后予以解释说明。

（一）对戴镜不适引起的投诉

通常由于矫正视力不良、戴镜不适应、实质性处方错误等原因引起顾客戴镜不适。据不完全统计，因为配镜处方中屈光度的不适引起的验配质量问题约占总投诉的20%，需要复核检查以排除眼镜的其他问题,耐心倾听顾客陈述不适症状,分析戴镜不适的原因,根据情况安排重新验光检查,试戴,开具新配镜处方,重新加工,更换镜片,以顾客满意为宗旨。

(二)对眼镜装配质量的投诉

通常由于光学参数不符合国家标准要求、眼镜配装调校不合国家标准要求引起。没有特殊加工要求时,皆按 GB13511.1—2011 进行加工,有特殊加工要求时,须经双方确认后于销售单注明加工要求,顾客签名确认后再进行加工。

如顾客投诉的眼镜在经复核后,其装配质量确实不符合国标装配质量要求者,应无偿为顾客更换同种型号、款式、价位的眼镜,如果型号、款式、价位有变化,在征得顾客同意后,以多退少补的原则处理。

(三)对镜架质量的投诉

售后服务人员需重视,因为据不完全统计,因镜架问题引起的投诉约占总质量投诉的60%,通常包括脱焊、断裂、电镀层脱落、螺丝滑牙、镜架折断、配件(腿套、托叶)问题。应首先分析产生镜架瑕疵或损坏的原因。

如果确认是镜架质量问题,则应按照顾客的要求,无偿为顾客更换同种型号、款式、价位的镜架,如果型号、款式、价位有变化,需征得顾客同意后,以多退少补的原则处理。

如果不是镜架本身的质量问题,而是由其他原因所致,应向顾客解释清楚,讲明配戴过程中应注意的事项。在顾客重新购买镜架用于更换被损坏镜架时,可酌情给予一定折扣。

(四)对镜片质量的投诉

通常由于镜片的屈光度偏差、色泽不对称、脱膜、加硬层脱落、镜片破裂等原因导致。如果是在保质期内的非人为因素造成,则免费更换,在保质期内由人为因素造成,则优惠重配。

(五)对接触镜的投诉

首先针对接触镜配戴的症状,分析及确定原因,在明确原因后,针对性地处理投诉。常见的接触镜投诉原因以及相关处理建议如下:

1. 眼干　使用润眼液,更换新镜片。

2. 镜片沉淀物　清洁镜片,更换新镜片,加强镜片(镜盒)的护理,改变戴镜睡觉等不良配戴习惯。

3. 度数错误　重新验光,更换光度合适的镜片。

4. 镜片破损　停止使用,更换新镜片。

5. 镜片配适过松/过紧　改变直径/基弧,重新试戴镜片。

6. 眼部感染　停止配戴,进行药物治疗。

7. 角膜水肿/角膜新生血管　减少或停止配戴,改换高透氧镜片。

8. 巨乳头结膜炎　停戴,选择抛弃型镜片,改变不良护理习惯。

9. 药水过敏　更换另一类型/品牌护理液。

10. 镜片左右戴反　交换配戴,养成先右后左的习惯,注意镜盒是否有错盖。

(六)对逾期交付的投诉

无论任何原因,凡超过取镜时间,但顾客尚未取镜的现象均视为逾期交付(在交付前因一些原因已经提前修改配镜单的情况除外)。

售后服务人员对逾期交付的投诉,要查看取镜时间、积极协助相关人员寻找逾期的原因,并重新与顾客修改配镜单。

对逾期交付的眼镜,为顾客修改配镜单后顾客仍不满意者,售后服务人员有权给予相应的经济补偿,补偿费应由具体责任人承担。

（七）对服务质量投诉

凡是顾客对验光师、店员及相关人员服务态度恶劣、服务质量不满意的情况：验光师或销售等环节中未与顾客正确沟通，造成不必要的争议；不清楚眼镜使用性能特点、保养方法、保质保修规定；商品与订单信息不符；销售过程中，为了鼓励高消费，说明不实；未能兑现向顾客承诺的服务等进行投诉，均视为对服务质量的投诉。

售后服务人员应首先向顾客致以歉意，并认真听取顾客投诉，耐心解答顾客的问题，直至顾客满意。

经售后服务人员耐心解释后，顾客仍不满意，售后服务人员可根据具体情况，给予相应的折扣。

（八）顾客服务/投诉的记录及管理

凡是顾客服务/投诉，各门店工作人员/客服部人员均应认真如实地填写《顾客服务记录》/《顾客投诉处理记录》，对处理结果及时进行跟踪和回访。

定期对《顾客服务记录》/《顾客投诉处理记录》进行汇总、分析，找出经常发生问题的环节，以便采取整改措施。

案例

顾客小A拿着自己的接触镜来到我们的店里，对我们进行投诉，告诉我们说这个镜片一戴上就会非常不舒服，是不是质量有问题，请我们协助解决。

我们拿着顾客的接触镜，调出来顾客的配镜资料，原来顾客购买的是长戴型（一年抛）的接触镜。截止投诉日，已经戴了半年多，经检查镜片和接触镜的伴侣盒比较干净，询问顾客的护理镜片方面也没有较大问题。但在问到顾客的配戴习惯时，顾客有提到，由于经常熬夜工作，工作完后，常会忘记取掉接触镜就睡觉。

检查：根据顾客的述说，高度怀疑戴镜不适与长期过夜配戴的习惯有关，进一步检查裂隙灯，发现顾客的上睑结膜有充血，可见乳头增生，体征、症状极可能与过夜配戴的习惯吻合。

处理意见：嘱咐其注意用眼卫生，改变用眼习惯，暂停戴接触镜，更换框架眼镜，待症状好转后，酌情再考虑验配高透氧型或抛弃型接触镜。

第六节　设备管理

一、验光设备

验光相关设备的使用、维护和管理通常要求该门店的验光师为第一责任人。平常，应按照眼镜店关于设备维护保养的规定要求执行，且在执行过程中应经常检查，加强考核。

1. 设备维护基本原则　由于验光相关设备通常是与顾客直接接触的设备，所以，需要强调每天使用前的开机检查：设备是否能正常运转；使用后的调零、归位、关机；使用前、后的清洁。一旦发现使用人员无法排除的故障，应立即停止使用，需即刻联系厂家报修。

2. 实行设备维护保养负责制　每台仪器要制订和悬挂维护保养责任牌，并指定专人负责定期维护保养：擦拭、控油和润滑；更换已磨损的零部件等，如有可能应写明维护保养者的姓名。

二、眼镜加工及检测设备

眼镜加工设备使用、维护和管理通常要求加工师是第一责任人。加工师需要按照眼镜店关于设备维护保养的规定要求，对加工车间的设备管理进行细化，并在执行过程中从严要求，经常检查，加强考核。

1. 设备维护基本原则　设备维护工作应贯彻"预防为主"的原则，把设备的故障消灭在萌芽状态。其主要任务是防止连接件松动和不正常的磨损，监督加工师按照设备的使用规程正确使用。

2. 使用者在使用检测设备时，要检查设备是否完好，是否在校准有限期内，按照操作规定使用仪器，以防止检测设备、计量器具调整不当而使其校正定位失效。

3. 按规定时间间隔或在使用前对检测设备进行校准或检定，制订计划，联系国家法定计量人员进行校准或检定，并保存校准或检定记录。

4. 实行加工设备维护保养负责制　每台仪器要制订和悬挂维护保养责任牌，并指定专人负责维护保养，如有可能写明维护保养者的姓名。

第七节　安　全　管　理

一、门店每天班后安全检查内容

1. 每天营业结束时必须清除店内可燃、易燃物品。
2. 关闭好门窗，落下防盗卷帘。
3. 关闭进户的自来水总闸、燃气阀门。
4. 仔细检查有无遗留火种，防止引发火灾。
5. 关闭各分闸电源，保留联网报警器、电动防盗卷帘等须长期供电的分闸。
6. 最终确认启动报警器进入警戒状态。

二、电器的使用

1. 店内禁止使用电炉、电水壶等超负荷用电设备。严禁使用移动式照明灯具，包括碘钨灯、高压水银灯、超过 60W 以上的白炽灯等高温照明灯具。灯具与货物的间距不得小于0.5m。

2. 日光灯、冷光源射灯的镇流器应采取隔热、散热防火措施。电气设备应当符合防爆要求，并安装漏电和过载保护器。

3. 配电箱、电源插座、接线板、高热度的加工设备附近不得堆放可燃物品。电烤灯须做到随用随开，用后及时关闭。

4. 店内严禁乱拉临时线路或私自改变线路，应经常对用电设施和电线线路的安全情况进行检查，如发现破损、超负荷、短路、发热和绝缘老化等易引发火灾的情况时，立即停止使用，及时进行维修。

三、明火管理

店内严禁动用明火，严禁吸烟，尤其是加工室。如施工需要动火，必须采取安全保护措施。

店内使用的酒精必须有专人负责保管，并存放在安全位置。酒精储存量以能满足日常经营为限，及时补充，不得过量储存。

四、照明

安全出口指示灯、应急照明灯应始终保持在通电状态，不得与照明线路混接。门店至少每月检查一次应急照明灯和安全出口指示灯的有效性。

五、安全通道

营业期间应及时打扫、清理店内可燃、易燃物品，严禁在楼梯、门厅、通道、安全出口等位置堆放物品，确保安全疏散通道和安全出口的畅通，宽度应不小于1.5m。安全出口门不得被锁闭或堵塞，多于两个出口的门店必须张贴疏散通道线路图。

六、灭火器

按照店堂面积配备相应数量的灭火器，满足每 30m² 配备 1 个 5kg 或每 15m² 配备 1 个 2kg 灭火器的消防标准。

灭火器须按店内情况分区域摆放在明显易取的地方。保持灭火器的清洁，不得随意移位，灭火器和消防栓等安全设施严禁被遮挡。

门店须每月检查灭火器的有效性，填写在《门店每日安全检查记录》下方。

如发现灭火器压力表下降到红色区域，须及时更换。各门店灭火器交消防部门进行年检。

七、消防培训

门店负责人至少每 6 个月组织一次消防安全知识培训，并根据规章制度结合本店具体情况对职工进行安全培训。

（王婧颖）

6-1与一目测一测

参 考 文 献

1. 刁红星. 眼健康管理. 北京：人民卫生出版社，2017.
2. 杨智宽. 视光与验配中心管理技术. 北京：高等教育出版社，2015.

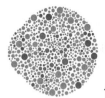

第七章 质量管理

本章学习要点

1. 掌握　眼镜行业主要标准；眼镜产品质量主要控制点。
2. 熟悉　连锁企业标准化管理的主要方面。
3. 了解　质量管理的重要性和必要性。

第一节　质量管理概述

质量与我们的生活息息相关，在人类社会进入 21 世纪后，世界各国更加关注质量在竞争中的地位和作用。离开质量，人们无法谈论社会进步、经济发展、人民生活水平的提高等话题；没有质量，难以赢得在市场竞争中的优势地位，低劣质量的产品往往会对人们的生命和财产造成重大伤害和损失。美国著名的质量管理专家朱兰博士曾说过："如果 20 世纪是生产率的世纪，将载入史册。那么，即将到来的 21 世纪将是质量的世纪。"质量对人们的生产、生活具有重要的现实意义。

一、质量概念的发展

随着经济发展和社会进步，质量不断丰富本身的内涵。人们可以从不同的视角（产品、过程、经济、管理）进行审视并达到深层的理解。一般意义上，质量被用来描述"产品或服务的好差、优劣程度"。有时也可以加一些限制词，如"产品质量""服务质量""生活质量""发展质量"等，这时质量的指向更为明确，意义表达更为具体。由此可见，质量是一个具有十分丰富内涵的概念。

朱兰博士在 20 世纪 60 年代把质量定义为：质量就是适用性。这是从用户的角度对质量做出的定义，即质量是用户对一个产品（包括相关服务）满意程度的度量。产品的质量水平应由用户（包括社会）给出，只要用户满意的产品，不管其特性如何，就是高质量产品。

日本著名质量管理学家田口玄一对质量做了如下定义：质量就是产品上市后给社会造成的损失，但是由于产品功能本身产生的损失除外。这是从社会损失的角度给出的定义。他认为，任何产品在使用过程中都会给社会造成一定的损失，造成损失越小的产品，其质量水平就越高。

国际标准化组织把质量定义为：一组固有特性满足要求的程度。这一定义体现了"质量"的新概念以及该术语的定义演进的成果。该定义可以从以下几个方面更好地理解：

1. 质量的载体是实体　实体可以是产品（硬件和软件），也可以是活动或过程，还可以是组织体系或人，以及以上各项的任意组合。

2. 固有特性　是指在某事或某物中本来就有的，尤其是那种永久的特性，而人为赋予

80

的特性不反映在产品的质量范畴中。

3."要求" 是指明示的、通常隐含的或必须履行的需要或必须履行的要求或期望。"明示的"可以理解为规定的要求,在文件中予以阐明。"通常隐含的"是指组织、顾客或其他相关方的惯例或一般做法,所考虑的要求或期望是不言而喻的。从该定义可以看出,实体的固有特性必须尽可能满足要求,固有特性与要求越接近,其质量水平越高;反之,质量水平就越低。

二、质量管理理论与实践的发展回顾

质量管理的产生和发展过程已走过漫长道路,随着工业企业的发展,经历了不同的阶段。按照质量管理所依据的手段和方式,可以将质量管理理论与实践的发展大致划分为 5 个阶段:质量检验、统计质量控制、全面质量管理、标准化质量管理和数字化质量管理等。

(一)质量检验阶段

操作者质量管理:20 世纪之前,生产方式主要是小作坊形式,工人既是操作者,又是检验者,制造和检验的质量职能统一集中在操作者身上,产品质量基本上依靠工匠的技艺和经验来保证。

工长质量管理:到了 20 世纪初,由于工匠自身的质量管理容易造成质量标准的不一致和工作效率低下,科学管理之父泰勒提出了操作者与管理者的分工,建立了"工长制",由工长行使对产品质量的检验。

检验员质量管理:随着科技进步和生产力的发展,企业的生产规模不断扩大,在管理分工概念的影响下,企业中逐步产生了专职的质量检验岗位、专职的质量检验员和专门的质量检验部门,使质量检验的职能得到了进一步的加强。检验部门在工厂中开始出现,检验人员作为专职人员从生产中分离出来,形成了"检验员(部门)的质量管理"。

(二)统计质量管理阶段

质量检验阶段从操作者质量管理发展到检验员质量管理,对提高产品质量有很大的促进作用。但随着社会科技、文化和生产力的发展,由于大规模生产,专门的质量检验不能适应需求。因为对批量生产的产品不可能做到百分之百检验,而且百分之百的检验不可能把百分之百的问题都检验出来。"事后检验""全数检验"存在的不足引起了人们的关注,人们开始思考用新的方法进行质量管理。一些著名的统计学家和质量管理专家开始运用数理统计方法去解决质量管理问题。

美国贝尔电话研究室工程师休哈特(W.A.Shewhart)提出了"事先控制,预防废品"的质量管理新思路。他将数理统计的原理运用到质量管理中来,发明了具有可操作性的"质量控制图"。休哈特主张对生产过程的控制,应事先做好生产设备的调试工作、生产环境的整顿工作、技术人员和生产人员的培训工作,并要求生产人员在生产过程中的规范操作,保证生产过程处于控制之中从而达到稳定的目的。

美国的另外两位工程师道奇(H.F.Dodge)和罗米格(H.G.Romig)又提出了"平均检出质量极限的概念及其抽样方案",解决了统计质量管理中的实际困难。这些方案在贝尔实验室的大批量产品的生产中进行了无数次的应用,表明它是一种十分有效的质量管理方法。1944 年,正式公布了"道奇 - 罗米格抽样方案",两人提出了抽样的概念和抽样方法,并设计了"抽样检验表",用于解决全数检验和破坏性检验所带来的问题。人们把数理统计和其他数学方法所取得的成果应用到质量管理中,这一阶段又称为统计质量控制(SQC)阶段。这一管理方法,在第二次世界大战中对美国的军工企业以及战后的日本企业都进行了广泛的应用,均取得了良好的经济效益。

20 世纪 40 年代起,戴明(W.E.Deming)博士把统计质量控制的方法传播到了日本企业,对日本的质量管理作出了巨大贡献。

（三）全面质量管理阶段

由于战后科学技术的迅猛发展，产品的技术含量和复杂程度不断提高，顾客的需求不断变化，顾客对服务质量的要求也提高到新的高度。随着国际贸易的发展、市场竞争尤其是国际市场竞争的加剧，质量已成为企业竞争的核心要素，各国企业都十分重视产品责任和质量保证问题，强化质量管理，以确保用户要求、可靠地使用产品。传统的质量管理理论受到严厉考验。人们逐渐认识到，产品质量的形成不仅与生产过程有关，而且还与其他一些过程、环节和因素亦密切相关，单纯依靠应用统计质量管理方法不能解决所有问题，在这种背景下，全面质量管理理论应运而生。

美国的费根保姆（A.V.Feigenbaum）和朱兰（J.M.Juran）等人在20世纪60年代先后提出了全面质量管理的概念和方法。费根保姆在《全面质量管理》一书对全面质量管理做出了如下定义："全面质量管理是为了能在最经济的水平上，并考虑到充分满足用户要求的条件下进行市场研究、设计、生产和服务，把企业内各部门的研制质量、维持质量和提高质量的活动，构成了一种有效的体系。"可见全面质量管理强调了质量管理的"全过程"和"全员性"。全面质量管理在美国和日本取得令人瞩目的成绩，世界各国也纷纷仿效，使全面质量管理迅速推广开来。

（四）标准化质量管理阶段

随着经济全球化趋势逐步增强，世界各国的合作范围逐渐扩大，特别是全面质量管理取得的巨大成就，使世界各国都有一种对统一质量管理模式的追求。1986年国际标准化组织ISO把质量管理的内容和要求进行了标准化，并于1987年正式发布了ISO9000系列标准，从而使质量管理实现了规范化和标准化。

（五）数字化质量管理阶段

20世纪80年代以后，随着计算机技术的发展和广泛应用，信息技术在管理实践中也取得了长足的进步，人们开始把计算机技术引入到质量管理和质量控制中，先后发展了计算机辅助质量、计算机集成质量信息系统等，使质量管理进入了数字化管理阶段。数字化质量管理意味着采用信息技术管理与控制质量形成的全过程。

三、质量管理的基本概念

（一）质量管理

ISO9000族标准将质量管理（quality management）定义为：在质量方面指挥和控制组织的协调的活动。包括制定质量方针和质量目标以及质量策划、质量控制、质量保证和质量改进。

（二）质量管理体系

首先需要理解体系和管理体系的概念，体系（系统）是指相互关联或相互作用的一组要素。管理体系：建立方针和目标并实现这些目标的体系。一个组织的管理体系可包括若干个不同的管理体系，如质量管理体系、财务管理体系或环境管理体系。

2000年版ISO9000族标准对质量管理体系（quality management system）的定义是：在质量方面指挥和控制组织的管理体系。组织的质量管理是通过制定质量方针和目标，建立、健全质量管理体系并使之有效运行来付诸实施的。因此，质量管理体系是企业有效开展质量管理的核心。质量管理体系的内容应以满足质量目标的需要为准，为满足实施质量管理的需要而设计。

（三）质量策划

ISO9000族标准将质量策划定义为：质量管理的一部分，致力于设定质量目标并规定必要的运行过程和相关资源以实现其质量目标。包括：产品策划、管理和作业策划、编制质量计划。

（四）质量控制和质量保证

质量控制是指质量管理的一部分，是致力于满足质量要求的活动。质量控制的范围涉及产品质量形成的全过程。通过一系列作业技术和活动对全过程影响质量的人、机、料、法、环（Man、Machine、Material、Method、Environment，简称 4M1E）诸因素来进行控制。

质量保证与质量控制是相互关联的。质量保证以质量控制为其基础，进一步引申到提供"信任"的目的。企业的质量保证分为内部质量保证和外部质量保证两类。内部质量保证是向企业最高管理者提供信任，外部质量保证是向顾客或第三方提供信任。

（五）质量改进

ISO9000 族标准对质量改进的定义是：质量管理的一部分，致力于增强满足质量要求的能力。质量改进的要求是多方面的，有效性（effectiveness）、效率（efficiency）、可追溯性（traceability）。

企业开展质量改进应关注以下几点：质量改进通过改进过程来实现；质量改进致力于经常寻求改进机会，而不是等待问题暴露后再去捕捉机会；对质量损失的考虑依据 3 个方面的分析结果：顾客满意度、过程效率和社会损失。

（六）质量方针

由组织的最高管理者正式发布的该组织总的质量宗旨和方向，通常质量方针与组织的总方针相一致并为制定质量目标提供框架。

（七）质量目标

在质量方面所追求的目的。质量目标通常依据组织的质量方针制定；通常对组织的相关职能和层次分别规定质量目标。

第二节 质量管理体系

一、ISO9000 简介

ISO9000 族标准是指"由国际标准化组织（International Organization for Standardization，简称 ISO）质量管理和质量保证技术委员会（ISO/TC176）制定的所有国际标准。"

ISO9000 族标准是由全球第一个质量管理体系标准 BS5750（BSI 英国标准协会撰写）转化而来的，ISO9000 族标准是迄今为止世界上最成熟的质量框架，目前全球有 161 个国家／地区的超过 75 万家组织正在使用这一框架。ISO9000 族标准不仅为质量管理体系，也为总体管理体系设立了标准。它帮助各类组织通过客户满意度的改进、员工积极性的提升以及持续改进来获得成功。

ISO9000 族标准用于证实组织具有提供满足顾客要求和适用法规要求的产品的能力，目的在于增进顾客满意度。随着商品经济的不断扩大和日益国际化，为提高产品的信誉、减少重复检验、削弱和消除贸易技术壁垒，维护生产者、经销者、用户和消费者各方权益，这个第三认证方不受产销双方经济利益支配，公证、科学，是各国对产品和企业进行质量评价和监督的通行证；作为顾客对供方质量体系审核的依据；企业有满足其订购产品技术要求的能力。

凡是通过认证的企业，在各项管理系统整合上已达到了国际标准，表明企业能持续稳定地向顾客提供预期和满意的合格产品。站在消费者的角度，公司以顾客为中心，能满足顾客需求,达到顾客满意,不诱导消费者。

ISO9000族标准是国际标准化组织(ISO)于1987年颁布的在全世界范围内通用的关于质量管理和质量保证方面的系列标准。1994年,国际标准化组织对其进行了全面的修改,并重新颁布实施。2000年,ISO对ISO9000系列标准进行了重大改版,目前使用的有效版本为2008年版。

二、质量管理的八项原则

ISO/TC176在总结1994年版ISO9000标准的基础上提出了质量管理八项原则,作为ISO9000族标准的设计思想。人们普遍认为,这八项质量管理原则,不仅是ISO9000族标准的理论基础,而且应该成为任何一个组织建立质量管理体系并有效开展质量管理工作所必须遵循的基本原则。

(一)以顾客为关注焦点

组织总是依存于他们的顾客。组织的变革和发展都离不开顾客,所以组织应充分理解顾客当前和未来的需求,满足顾客需求并争取超过顾客的期望。

(二)领导作用

领导作用的原则强调了组织最高管理者的职能是确立组织统一的宗旨及方向,并且应当创造并保持使员工能充分参与实现组织目标的内部环境,使组织的质量管理体系在这种环境下得以有效运行(领导不仅是一个职位的概念,更是一种行为过程,其任务在于:在考虑所有相关方的基础上设置清晰的愿景和相应的挑战性的目标,给员工充分的培训、必要的权力和资源,给员工以自由感而非恐惧感,对于员工好的绩效给予认可和鼓励,并创建共同的价值观,营建良好文化)。

(三)全员参与

组织的质量管理不仅需要最高管理者的正确领导,还有赖于组织全体员工的参与。只有全体员工的充分参与,才能使他们的才干为组织带来收益。

(四)过程方法

将活动和相关的资源作为过程进行管理,可以更高效地得到期望的结果。任何使用资源将输入转化为输出的活动或一组活动就是一个过程。系统地识别和管理组织所应用的过程,特别是这些过程之间的相互作用,称为"过程方法"。

质量管理体系的四大过程是:管理职责,资源管理,产品实现及测量、分析和改进。以过程为基础的质量管理体系模式如图7-1所示。

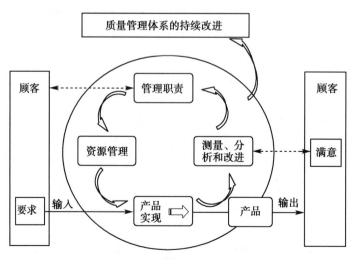

图7-1 质量管理体系模式图

在质量管理体系中,过程方法强调:对整个过程给予界定,以理解并满足要求和实现组织的目标;从增值的角度考虑过程;识别过程内部和外部的顾客、供方和其他受益者;识别并测量过程的输入和输出,获得过程业绩和有效性的结果;基于客观的测量进行持续的过程改进。

(五)管理的系统方法

所谓系统管理是指,将相互关联的过程作为系统加以识别、理解和管理,有助于组织提高实现目标的有效性和效率。

(六)持续改进

由于质量最本质的含义是不断满足顾客的需求,而顾客的需求是随着社会的进步和科技的发展不断变化。持续改进质量管理体系的目的在于增加顾客和其他相关方满意的机会。为此,在持续改进过程中,首先要关注顾客的需求,努力提供满足顾客的需求并争取超出其期望的产品。

(七)基于事实的决策方法

有效决策是建立在基于事实的数据和信息分析的基础上。有两点需要说明:所提供的数据和信息必须是可靠和翔实的,必须是建立在组织活动的基础上获得的事实,错误的信息和数据,必然会导致决策的失误;分析必须是客观的,合乎逻辑的,而且分析方法是科学的和有效的,比如统计方法的运用和计算机等信息工具的支持。

(八)与供方互利的关系

组织与供方是相互依存的,互利的关系可增强双方创造价值的能力。在当今社会分工越来越细的情况下,选择一个良好的供方和寻找一个良好的顾客一样重要。因此,如何保证供方提供及时而优质的产品,也是组织质量管理中一个重要的课题。

三、质量管理体系要求

关于 ISO9001 质量管理体系的具体条款可参照 GB/T19001—2008 质量管理体系标准,这里不再说明。

四、眼镜店实施 ISO9001 的好处

(一)明确职责

目前,具有明确的组织架构、管理职责的眼镜店比例很低,即使有规定但形成文件化的眼镜店更是凤毛麟角。经营过程中经常发生争成绩、推责任的现象,比如,当顾客投诉时,是店员解决还是店长负责,是门店解决还是职能部门解决,经常发生责任不清的情况;当商品出现滞销时,是采购部门的责任还是销售部门的责任;当一副眼镜出现质量问题时,客服可能会说是检验的责任,检验可能会说是加工的责任,加工可能会说是发料的责任,等等。

通过组织架构的合理设计,明确各部门、各岗位的管理职责,减少工作中出现的推诿、拖延情况的发生,出现问题便于明确责任。

(二)实现规范化管理

目前,绝大部分眼镜店依靠个人经验管理,不同的管理人员使用不同的管理方法。不同的员工,甚至同一个员工在不同的时候操作方法也不尽相同,个人行为对绩效的影响较为严重。比如,验光师由于个人的偏好或操作方法不同,会出现在同一家眼镜店,同一顾客得到不同的验光结果;同一副眼镜,不同的加工师可能采用不同的作业方法,导致最终的产品质量出现差异。在解决售后服务时,不同的接待人员可能会采取不同的处理方法,顾客会产生不同的反应,进而导致顾客的满意或不满意,等等。通过 ISO9001 质量体系认证,可以建立规范化的操作流程和管理制度,避免个性化行为对眼镜店整体经营的影响。

（三）便于管理复制，实现连锁经营

有些眼镜店在扩大规模进行连锁经营时，会发生不同的分店管理模式不尽相同的情况，也就是核心店的经营模式难以复制，达不到连锁经营的效果。

通过 ISO9001 质量体系认证，可以实现成功经营模式的有效复制，减少同一企业、不同店面的管理差异，实现真正意义上的连锁经营。

（四）为信息化管理奠定基础

通过对视光行业信息化的调查，发现绝大多数眼镜店在使用管理信息系统时会出现很多问题，既有非专业化设计问题，也有流程不科学问题，或眼镜店的操作流程与软件流程不匹配问题，最终导致管理信息系统无法发挥作用，甚至会降低眼镜店的工作效率。

通过 ISO9000 质量体系认证，建立标准化的验配、管理作业流程，可以使流程更加合理、有序，从而为信息化奠定良好的管理基础。

（五）便于设计更加合理的薪酬体系

清晰的岗位设计、标准的流程、明确的技术能力和工作绩效是薪酬体系的设计基础，合理的薪酬体系能够充分调动员工的积极性和主动性，能够体现企业的价值取向，便于企业文化的建设，同时也可减少员工的不公平感。

（六）提高客户满意度

顾客要求产品具有满足其需求和期望的特性，这些需求和期望在产品规范中表述，并集中归结为顾客要求。顾客要求可以由顾客以合同方式规定或由组织自己确定，在任一情况下，产品是否可接受最终由顾客确定。因为顾客的需求和期望是不断变化的，以及竞争的压力和技术的发展，这些都促使组织持续地改进产品和过程。

质量管理体系方法鼓励眼镜店分析顾客要求，规定相关的过程，并使其持续受控，以实现顾客能接受的眼镜产品。质量管理体系能提供持续改进的框架，以增加顾客和其他相关方满意的机会。质量管理体系还就组织能够提供持续满足要求的产品，向组织及其顾客提供信任。

ISO9001 的"计划、执行、检查、行动"结构确保客户需求得到考虑和满足。

（七）在产品品质竞争中永远立于不败之地

国内眼镜店竞争的手段主要是价格竞争和品质竞争。由于低价销售的方法不仅使利润锐减，还可能使企业陷入低水平经营，所以，价格竞争的手段越来越不可取。实行 ISO9000 国际标准化的品质管理，可以稳定地提高眼镜产品品质，使企业在产品品质竞争中永远立于不败之地。

（八）有利于国际间的经济合作和技术交流

按照国际间经济合作和技术交流惯例，合作双方必须在产品（包括服务）品质方面有共同的语言、统一的认识和共守的规范，方能进行合作与交流。ISO9000 质量管理体系认证正好提供了这样的信任，有利于双方迅速达成协议。

五、眼镜店应用 ISO9000 的现状及注意问题

目前，国内多家眼镜店均开展了质量体系认证。通过 ISO9000 质量体系的建立，为眼镜店提供了一种具有科学性的质量管理和质量保证的方法和手段，提高了眼镜店的内部管理水平。

但对于 ISO9000 质量管理体系的应用应注意以下几点：

该体系的应用是一把手工程，必须得到最高管理者的重视和推动，从项目的立项到具体实施均应得到最高管理者的亲自参与。

该体系的建立和执行涉及企业质量管理的各个方面，必须得到全体员工的广泛参与和

大力支持,任何部门、个人的松懈或抵触都将对体系的运行结果产生不良影响。

该体系是解决质量管理范畴的问题,不应把ISO9000质量管理体系看作企业管理的全部,也不能解决企业的全部问题。企业还必须加强经营、人事、财务、营销、技术等方面的管理,才能够获取最大的效益和效率。

第三节　眼镜质量标准的制定与执行

一、标准的定义及分类

(一)标准的定义

1. 标准是人类社会实践的必然结果,也是科学、技术和经验的总结。从技术角度看,标准就是一种以文件形式发布的统一协定,其中包含可以用来为某一范围内的活动及其结果判定规则、导则或特性定义的技术规范或者其他精确准则,其目的是确保材料、产品、过程和服务能够符合需要。

2. 我国在GB/T20000.1—2014《标准化工作指南第1部分:标准化和相关活动的通用词汇》中也对"标准"进行了定义:标准是为了在一定范围内获得最佳秩序,经协商一致制定并由公认机构批准,共同使用的和重复使用的一种规范性文件。

3. 国际标准化组织(ISO)对"标准"的定义如下:标准是由一个公认的机构判定和批准的文件。它对活动或活动的结果规定了规则、导则或特殊值,供共同和反复使用,以实现在预定领域内最佳秩序的效果。

从上面的集中定义可以看出标准的几个特征:规范性,是一种规范性文件;权威性,是公认机构批准的一种文件;普适性,是经协商一致判定的文件;秩序性,是为在特定领域获得最佳秩序而判定的文件。

(二)标准的分类

根据人们生产、生活的不同,科学和技术的基础不同,人们从不同视角对标准进行了归纳、总结、分类。

1. 按照使用的区域范围分,可以分为国内标准和国际标准。国内标准是一个国家或一个经济区域内部使用的标准,如国家标准、行业标准、地方标准和企业标准;国际标准是由国际公认的标准制定机构判定并颁布的标准,如ISO、IEC和ITU(国际电信联盟)。

2. 按照标准所含的内容划分,可以分为基础标准、方法标准、产品标准及其他标准。

3. 按照标准的性质划分,可以分为强制性标准和推荐性标准。强制性标准一般是由国家相应机关正式发布的,必须执行的标准。我国以"GB"开头的标准一般情况下,均为强制性标准。推荐性标准是由国家相应机关或其他一些社会团体机构发布的,由企业自愿采用的标准。以"GB/T"开头的标准一般为推荐性标准。

标准化,就是制定、发布及实施标准的过程。眼镜行业的标准化工作起步较晚,但取得很大进步。我国的标准化工作是国务院授权,在国家质量监督检验检疫总局管理下,国家标准化管理委员会统一管理进行的。国务院有关行政主管部门和国务院授权的有关行业协会分工管理本部门、本行业的标准化工作。我国标准化主管机构是国家标准化管理委员会(简称SAC),负责履行行政管理职能。对于具体的国家标准则由全国专业标准化技术委员会(简称TC)。

眼镜行业的全国专业标准化技术委员会是"全国光学和光子学标准化技术委员会",由中国机械工业联合会主管。

在全国专业标准化技术委员会的领导下,各行业设立分技术委员会,眼镜分标委会的全称是"全国光学和光子学标准化技术委员会眼镜光学分技术委员会",由中国轻工业联合会主管。秘书处设在东华大学。

目前,眼镜行业的技术标准主管机构是中华人民共和国工业和信息化部、中国轻工业联合会和全国眼镜标准化中心。

眼镜分标委会的主要职能:①负责与 ISO 国际标准化组织对接;②代表中国对国际标准文件投票;③参加国际标准化会议;④制订、修订眼镜国家标准;⑤眼镜标准的解释、传递、宣贯及培训;⑥眼镜标准化的归口管理。

眼镜标准的制定程序,我国国家标准判定程序分为:预备、立项、起草、征求意见、审查、批准、出版、复审、废止 9 个阶段。

对下列情况,制定国家标准可以采用快速程序:①对等同采用、等效采用国际标准或国外先进标准的标准制、修订项目,可直接由立项进入征求意见阶段;②对现有国家标准的修订项目或中国其他各级标准的转化项目,可直接由立项进入审查阶段。

二、眼镜行业的标准

我国眼镜行业的主要标准如表 7-1 所示。

表 7-1 眼镜行业标准

序号	名称	标准号	备注
1	眼镜镜片 第 1 部分:单光和多焦点镜片	GB 10810.1—2005	2006-5-1 实施
2	眼镜镜片 第 2 部分:渐变焦镜片	GB 10810.2—2006	2007-2-1 实施
3	眼镜镜片及相关眼镜产品 第 3 部分:透射比规范及测量方法	GB 10810.3—2006	2006-11-1 实施
4	眼镜镜片 第 4 部分:减反射膜规范及测量方法	GB 10810.4—2012	2013-9-1 实施
5	眼镜镜片 第 5 部分:镜片表面耐磨要求	GB 10810.5—2012	2013-5-1 实施
6	眼镜架通用要求和试验方法	GB/T 14214—2003	
7	装配眼镜 第 1 部分:单光和多焦点	GB 13511.1—2011	2012-2-1 实施
8	装配眼镜 第 2 部分:渐变焦	GB 13511.2—2011	2012-8-1 实施
9	太阳镜	QB 2457—1999	
10	光学树脂片	QB/T 2506—2017	2017-1-1 实施
11	眼镜片磨边机	GB/T 28217—2011	2012-9-1 实施
12	眼镜生产零配件	QB/T 4732—2014	2014-11-1 实施
13	装配眼镜 验光处方和配镜加工单的规范	QB/T 4733—2014	2014-11-1 实施
14	机动车驾驶员专用眼镜	QB 2659—2004	2005-6-1 实施
15	眼科光学 接触镜 第 1 部分:词汇、分类和推荐的标识规范	GB/T 11417.1—2012	2013-6-1 实施
16	眼科光学 接触镜 第 2 部分:硬性接触镜	GB/T 11417.2—2012	2013-12-1 实施
	眼科光学 接触镜 第 3 部分:软性接触镜	GB/T 11417.3—2012	2013-12-1 实施

第四节 眼镜产品质量控制点

一、验光

眼镜店应具备满足验光配镜和检验所需要的工作场所和设施,能正常运转,且维护完好;验光场所应满足视距 5m 或满足投影仪规定视距并将此距离持续保持;检验场地的环境应满足检测的要求。

验光人员要持证上岗，每个眼镜店至少有一名取得由劳动和社会保障部门颁发的眼镜验光员中级（国家四级）或以上职业资格证书的验光人员。验光人员应熟悉自己的岗位职责；掌握相关的专业技术知识；有一定的质量管理知识。

验光人员应具有处方能力，处方的记录应规范、清晰，易于识别。

二、检验

眼镜店应有独立行使权力的质量检验机构或专（兼）职检验人员，对检验机构或检验人员，应有相应的控制措施确保能独立行使权力。同一副眼镜的加工和检验由不同的人员承担；有检验管理制度和检验设备管理制度，内容完整，并按制度执行。应确保检验原始记录完整、准确和真实。眼镜店应按规定对采购的镜架、镜片等商品，以及外协加工件进行质量检验或者根据有关规定进行质量验证，检验或验证的记录应该齐全。

眼镜店应制定工艺（如全框、半框或无框镜各种架型、染色、渐变镜特殊镜片以及完整制作验配眼镜的各个工序等）管理制度及考核办法，内容完整，并执行，有考核记录。每个工作人员应严格执行工艺管理制度，按操作规程、作业指导书等工艺文件进行生产操作。

（一）进货检验

所进商品的商标、厂名、厂址、质量检验合格证、生产许可证、卫生许可证要齐全，而且，必须要和所进商品相符。限制使用的商品，供货单位应标明生产日期和使用失效日期。

眼镜店对到货商品进行进货检验，根据进货商品的不同可采用全检或抽检方式，若出现不合格品，除按标准扩大抽检范围外，并在相应的商品进货检验记录中加以记录。

（二）最终检验

配装眼镜在交付前均应进行最终检验，检验应符合国标要求，并保持最终检验记录。

三、配料、初检

检查镜片的表面质量。在国标规定的范围内，镜片的表面或内部都不应出现可能有害视觉的各类疵病；检查两镜片的色泽、膜色是否一致；核对镜架的型号、规格，镜片的品种、光度与定镜单是否相符；检查镜架是否有划伤等表面质量；使用焦度计测量镜片的顶焦度，判断是否符合国家标准 GB10810.1—2005（眼镜镜片）的有关规定。

依据定镜单确定轴位、棱镜度、底向等，点准加工中心点。画清左右片标志并在定镜单的相应位置加盖质检员的工号章，按照取镜时间的先后排列，交付配装员加工配装。

四、配装

配装人员能看懂验光处方单、加工单和验光、加工设备说明书和仪器显示参数、相关技术文件等，有一名或以上有定配工中级职业资格证书的配镜人员，且能熟练地进行本环节的操作，能辨别出现的异常情况或设备故障，知道如何处置。

（一）磨边

磨边前要核对镜片、镜架是否与定镜单相符，找好样板或扫描出图形，分清左、右眼；上盘时要做到左右片正确，对准加工中心点，找平散光轴，必要时，加贴保护膜防止镜片划伤；设置尖边位置，调整好压力，夹紧镜片，开机磨边；磨边后要及时试框、倒边、检查质量，做到边缘无崩，大小形式合适，并将镜片拭净。（拉丝、打孔架，镜片边缘需抛光，有特殊要求除外）

（二）装配

配装质量应达到镜片与镜框边装紧无缝、弯度吻合、左右对称、两镜腿平、面口正、坡度适当；配装后将眼镜拭净，同时按"国标"自查整副眼镜质量，合格后在定单相应位置加盖工号章，按顺序码放整齐交付终检。

五、最终检验

企业应按相关标准和企业明示担保的要求，对验配眼镜进行交付检验，并在提供给消费者的相关单据上加上检验标识并按规定进行包装和标识。制定了验配眼镜的交付检验规定、包装和标识规定，规定中包含了当验配眼镜取证后，如何对其进行标识的相关内容；并按规定进行包装和标识；交付检验符合标准要求。具体步骤如下：

1. 核对

（1）业务单据（验光单、加工单、质检单）、购买凭证、吊牌、条码等所有资料是否齐全。

（2）购买凭证中注明的镜架、镜片型号与实物是否相符。

（3）业务单据（验光单、加工单、质检单）上是否有对应人员签名。

2. 检查项目

（1）眼镜架的机械强度、镀（涂）层外观质量、装配精度；符合 GB/T14214-2003 的标准，机械强度在厂商的检验报告中已检（检验报告存放在业务部）；镀（涂）层外观质量、装配精度可用目测。

（2）镜片的理化性能、顶焦度偏差、光学中心、厚度偏差、色泽、内在瑕疵、表面质量、镜片的理化性能在厂商的检验报告中已检（检验报告有专人管理）；顶焦度偏差、光学中心用焦度仪测；厚度偏差可通过目测和钢尺测量；色泽要求基本一致，表面是否有利痕、边缘是否崩边等均要求符合 GB10810—1996 标准。

（3）配装眼镜光学中心水平偏差；通过焦度仪打点，用钢尺量是否有偏差要求符合 GB 13511.1—2011 标准。

（4）光学中心高度：检查方法和标准同上。

（5）配装眼镜的柱镜轴位偏差：用焦度仪测量，检查与处方是否有偏差要求符合 GB13511—1999 标准。

（6）验光处方定配棱镜屈光偏差与基底取向偏差：要求符合 GB 13511.1—2011 标准。

（7）批量生产老视眼镜的二镜片顶焦度互差：要求符合 GB 13511.1—2011 标准，不可因是批量生产就不检查。

（8）配装眼镜二镜片材料的色泽；可通过目测检查要求基本一致，变色片通过紫外线灯检验。

（9）配装眼镜镜片与镜圈的几何形状要求：通过目测检查，要求基本相似且左右对齐、不松动、无明显缝隙。

（10）金属框架眼镜锁接管的间隙；用塞尺测量，要求不大于 0.5mm。

（11）配装眼镜的外观：通过目测检查，要求无崩边、焦损、翻边、扭曲、钳痕、镀（涂）层剥落及明显擦痕。

（12）配装眼镜的螺纹滑牙及零件缺损：通过目测、螺丝刀检查，不允许存在。

（13）配装眼镜的整形要求：要求两镜片保持相对平整、两托叶对称、两镜脚外张力为 80°～95°且左右对称、镜脚张开保持平整、镜架不扭曲，两镜腿分倾斜度误差不大于 2.5°。

3. 记录 对应检查结果合格与否判定记录。合格产品在对应质检单盖章（或签字）；不合格者退回相关岗位要求返工，并通知顾客延期取件，返工完毕，检验人员对此项重新验证，并给出合格判定。

六、调整、交付

为使顾客达到满意的配戴效果,交付前需对待交付眼镜进行初步调整。具体步骤如下:

1. 将眼镜平放在平面上,使镜腿对称,高低一致。
2. 两镜腿张角对称,镜腿与镜面成90°左右夹角。
3. 双鼻托位置对称,并相距一定距离。
4. 镜角弯度适中并对称。
5. 顾客试戴时,还应按照顾客面形、过去佩戴习惯及特殊要求再调整。

在调整过程中还应注意以下事项:

1. 调整镜架时注意加热均匀,以防损坏。
2. 较高档镜片、金属镜架调整时应卸下镜片,待镜架调整合适后,再装好镜片。
3. 对于高档镜架调整时要垫布保护,以免产生夹痕、划痕。
4. 打孔镜架调整时,应选择着力点,避免直接损伤镜片,并保证两镜片在同一平面上。

七、检测设备的管理

眼镜店必须具有能满足验光、配镜所必备的生产设备和工艺装备,其性能和精度应能满足验配眼镜的验光和加工要求。生产设备和工艺装备应维护保养完好。验光设备和加工设备维护保养完好,有维护和保养实施记录。

眼镜店必须具有规定的检验仪器,其性能和精度应能满足验配的要求。企业的检验和计量设备应在检定或校准的有效期内使用。用于进货验收和最终的检验和计量的设备在检定或校准的有效期内,并有标识。

眼镜店应设设备管理员,该人员应熟悉有关计量的法律法规,负责设备及检测设备的管理工作。

(一)检测设备登记

设备管理人员应对所有检测设备进行分类登记,制定《检测设备周期检定计划表》,记录检定时间、检定周期、检定证书号等情况,并上报保障部备案。对于新购置的检测设备,还应负责检查其产品合格证、使用说明书等技术资料及计量主管部门出具的检定合格证是否齐备,并归档保管。

(二)检测设备检定

设备管理人员负责按期申报并安排送检强制检测设备(电脑验光仪、焦度计一年一检,镜片箱两年一检)。强制检定的测量设备,必须由区或区以上计量局检定合格方可使用。

非强制检定的检测设备由设备管理人员负责安排自行定期检定或送计量检定机构检定。

计量检定工作按照经济合理的原则,就地就近进行,不受行政区划和部门管辖的限制。

严禁使用无检定合格印、证或者超过检定周期以及经检定不合格的检测设备。

眼镜店应保存各年度检测设备的检定结果,以备计量主管部门检查。检测设备的修正值要放在设备现场方便拿取的地方。

(三)检测设备封存

对暂不使用的强检检测设备,由设备管理人员贴封存标记,做好封存记录。

封存的检测设备须经计量主管部门检定合格后方可再次使用。

（四）检测设备的使用、维修与保养

使用者必须按照操作规程，正确使用检测设备，以保证检测设备量值准确。检测设备发生故障或量值不准时，使用人应及时报告设备管理人员安排送修、送检。使用者应经常对检测设备进行维护保养，下班后加盖防尘罩，保持计量器具清洁无污垢。

第五节　连锁企业的标准化管理

采用连锁形式经营的企业叫连锁企业。连锁型企业在客观上要求服务、生产、运营、管理等方面的高度一致性、统一性，所以连锁型企业必须建立标准化管理体系。标准化体系的建立有利于发挥连锁企业的规模效应和系统效应，帮助企业获得良好的发展。不同类型的连锁企业有不同类型的制度和体系安排，对于眼镜连锁企业来说，一般要建立三个体系：员工管理的标准化体系、商品管理的标准化体系、环境管理的标准化体系。

一、员工管理的标准化体系

得人才者得天下，人才的培养和保有很大程度上决定了企业的兴衰和成败。人才培养、管理、考核模式要根据企业的实际情况来制定，以下介绍一些原则和实施步骤。

1. 人力资源规划　首先要根据企业的发展战略目标来制定中、长期专业团队的梯队规划和职业生涯发展规划。保证企业的核心人才能与企业共同成长、共同发展，同时也保证了为企业运营和持续发展提供人力资源支撑。其次根据梯队建设规划和职业发展规划，制定、审核和发布对应培训、考核、晋升以及对应福利津贴制度，为实现企业发展战略提供制度保障。

这个规划做好之后基本上与企业发展要求相匹配的人才选拔、培养、考核体系就建立起来了。

2. 招聘与人力资源配置　根据岗位需求、梯队建设规划和职业发展规划明确招聘和选拔要求根据各个连锁分公司（分区）实际情况，编制对应地区的人才梯队构架和配置标准，以使资源配置合理最大化；同时根据不同岗位（对应职级）的规划，明确各个不同专业等级人员的执业范围和岗位职责，制定对应的工作手册，以保证工作标准一致，岗位技能和经验可沉积。

3. 培训　培训是让员工掌握专业技能和标准流程的重要方式。培训对于连锁型企业来说至关重要。

首先根据梯队建设规划和职业发展规划，制定各个不同岗位、不同等级的专业要求，作为培训资源开发、培训实施和考核的标准。然后根据上述的"要求"，开发培训资源、设计课程实施和考核方式，以保证培养和选拔优秀人才，符合企业发展的需要。

以新员工为例，新员工阶段的主要培训目标是让新进员工了解公司概况及公司规章制度，学习工作技能，便于新进员工能更快胜任未来的工作。那么这一阶段的主要培训内容就应该包含：公司基本情况介绍、公司规章制度、岗位专业技能（如验光、加工、调整等）、商品知识、服务礼仪、销售技能等内容，后续根据培训考核结果安排对应工作。

4. 绩效管理考核　绩效考核是非常关键的步骤，绩效考核是对员工完成其所在岗位的工作任务成果的评定。通过绩效考核和对应奖惩措施可以不断在企业内部强化企业所要达到的目标，确保员工的工作内容和结果与企业的目标一致，达到"上下同欲"的目的；同时考核的过程也是员工培养、选拔、晋升、激励的重要依据。

二、商品管理的标准化体系

广义的商品管理的定义是在正确的时间、正确的地点,以正确的价格向顾客提供正确数量、正确商品的方法,以达到满足顾客需求、达成企业财务目标的目的。对于连锁企业来讲还要满足企业自身定位,商品品类、商品品牌、商品价格的一致性。

从前线经营监督商品管理可以分解为商品采购、商品销售(营销)两个环节。

1. 商品采购　商品是企业经营的重要载体,选择合适的商品是企业持续经营发展、保持合理现金流的重要影响因素。商品采购一般要考虑几方面的因素:

(1) 符合当区商业环境。

(2) 符合企业自身定位和商品品类管理(商品结构和周转)的目标。

(3) 符合目标顾客的需求。

(4) 符合价格定位的需求。

(5) 考虑竞争对手的因素。

(6) 商品供应商的资质、服务能力。

2. 销售(营销)　商品销售(营销)是实现企业获利非常重要的途径,对于连锁企业来说更要求各个分公司(分区)的门店在统一方案、统一管理、统一核算的经营方式下进行。

首先进行目标商品的选择和营销方案的确定。主要营销商品一般根据时间(季节)进行调整,比如第二季度是阳光防护类眼镜的销售旺季,所以要把太阳镜、变色镜片等商品作为主要销售的商品,制订对应的营销方案。同时要制定好可衡量的、清晰的销售目标,以及评估办法,这样以便在执行过程中更好地掌控和调整。

营销方案应该包括价格策略、促销政策、宣传渠道、销售激励等要素,以及明确需要企业内部各个相关职能部门需要配合的内容,通过这样的方式把企业的资源集中纳入统一的目标进行管理,这有助于企业营销战术的效能得以最大限度的发挥。

三、环境管理的标准化体系

书中谈到的"环境",主要指品牌的品牌形象相关内容。

"品牌"对于连锁企业来讲非常重要,可以说它是连锁企业最宝贵的资产之一。品牌形象又是品牌本身各个要素在人们心目中综合的体现。最直观的体现就是品牌名称、品牌标志、品牌颜色、品牌形象物等外在要素,这些要素可以提升品牌的辨识度,让顾客迅速建立与品牌之间的对应关系。比如我们讲"双金色拱门"的标志,大家一定可以立刻联想到麦当劳。连锁企业的品牌形象都要让人一目了然、印象深刻,并高度统一。

这就要求连锁企业内部有严格的品牌形象管理制度,包含标志标准字体使用规范、标志使用标准色规范、禁忌使用规范、标志与中/英文名称使用规范、标志的各种组合规范、印刷品和广告设计规范、门店装修规范、服装规范等。(品牌名称和品牌标志一定要经国家工商总局注册为"注册商标",受到法律的保护。)

另外,品牌的推广不只是品牌标识的管理和使用,还应该有包含企业在生产、经营、管理过程中持续建设的过程。所谓"好广告是坏商品的毒药",产品质量、服务质量、客户体验、客户价值更是品牌持久不衰的根本。

形象建设是一个涉及企业经营管理几乎所有方面的系统性、综合性、长期性的工程。良好的企业形象使企业产生持续的品牌效应,给消费者一种安全的信赖感。

无论市场环境如何变化、企业如何发展扩张,连锁企业在一定发展阶段之内都必须制定自己的主营业态,并且要门店管理标准化,要求统一管理,统一进货,统一标识,统一培训,统一促销,统一价格,统一服务质量。这样,有利于保持企业的统一品牌形象,确保消费者对品牌的统一有清晰的认知。

（连　捷）

参 考 文 献

1.　魏瑾. 连锁门店经营与管理. 北京：机械工业出版社，2011.

2.　饶君华，罗俊. 连锁门店营运管理. 北京：高等教育出版社，2014.

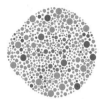

第八章　眼镜店的信息化管理

本章学习要点

1. 掌握　信息化、信息技术以及信息系统的概念；眼镜店信息系统各个主要模块的功能；两种移动社交平台应用的功能与特征；几种未来信息化技术的概念。

2. 熟悉　信息技术的主要特征以及构建信息系统的主要要素；两种信息服务的模式及两种模式的区别；H5页面制作功能；几种未来信息化技术的商业应用。

3. 了解　目前常用的几种信息系统；不同模块在不同眼镜店种类中的应用；各种网络应用不同营销实例；信息化技术的发展趋势。

第一节　信息化管理概述

一、信息化的概念

（一）信息化

信息化（informatization）是指充分利用信息技术，开发利用信息资源，促进信息交流和知识共享，提高经济增长质量，推动经济社会发展转型的历史进程。

"信息化"用作名词，通常指现代信息技术应用，特别是促成应用对象或领域（比如企业或社会）发生转变的过程。例如，"企业信息化"不仅指在企业中应用信息技术，更重要的是深入应用信息技术所促成或能够达成的业务模式、组织架构乃至经营战略转变。"信息化"用作形容词时，常指对象或领域因信息技术的深入应用所达成的新形态或状态。

对于经营性企业来说信息化带来了变革，信息化一定程度上是对经营工具和工作效率上的提升，更重要的是对于经营者在经营思维上的转变。经营者需要具备把信息看作竞争力，把数据看作资产的认识和能力。

（二）信息技术的概念及主要特征

企业的信息化是通过信息技术来实现的。信息技术（information technology，IT）是主要用于管理和处理信息所采用的各种技术的总称，它主要是应用计算机科学和通信技术来设计、开发、安装和实施信息系统及应用软件。

狭义而言，信息技术是指利用计算机、网络、广播电视等各种硬件设备及软件工具与科学方法，对文图声像各种信息进行获取、加工、存储、传输与使用的技术之和。该定义强调的是信息技术的现代化与高科技含量。

广义而言，信息技术是指能充分利用与扩展人类信息器官功能的各种方法、工具与技能的总和。该定义强调的是从哲学上阐述信息技术与人的本质关系。

信息技术具备以下两个主要特征：

1. 信息技术具有技术的一般特征——技术性。具体表现为：方法的科学性（scientific），工具设备的先进性，技能的熟练性，经验的丰富性，作用过程的快捷性，功能的高效性等。

2. 信息技术具有区别于其他技术的特征——信息性。具体表现为：信息技术的服务主体是信息，核心功能是提高信息处理与利用的效率、效益。由信息的秉性决定信息技术还具有普遍性、客观性、相对性、动态性、共享性、可变换性等特性。

（三）信息系统

信息系统（information system）是由计算机硬件、网络和通信设备、计算机软件、信息资源、信息用户和规章制度组成的以处理信息流为目的的人机一体化系统。信息系统是信息化实现的基础和载体。

信息系统是由人、计算机硬件、软件和数据资源组成，目的是对信息进行收集、存储、检索、加工以及传递等，使其提供决策所需的信息。从系统的观点上看，信息系统包括输入、处理、输出和反馈4部分（图8-1）。

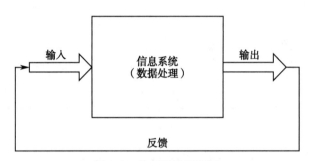

图 8-1　信息系统示意图

在现代企业管理中应用到各种信息系统，比如管理信息系统 MIS、决策支持系统 DSS、专家系统、各种 ERP 系统、客户关系管理系统 CRM、供应链管理 SCM、知识管理系统 KM、人力资源管理系统等，这些都可以被称为企业信息系统。

（四）构建信息系统的基本要素

构成企业信息系统主要包括5个基本要素：组织、流程、数据、规则、功能。其中从用户的角度主要关注流程，是以流程为核心的，通过流程将其他几个要素贯穿起来，需求分析人员也应该从这个角度来和用户沟通；从开发者的角度主要关注企业的数据、商务规则与功能，以便于系统的实现；从实施者的角度主要关注企业的组织结构与功能，以便于系统的发布与实施。

1. 组织模型　即企业的组织结构关系，包括部门设置、岗位设置、岗位职责等。树型组织结构图是描述企业的组织模型的一种常用方法，它可用来搞清各部门之间的领导关系、每个部门内部的人员配备情况、职责分工等情况，它是划分系统范围、进行系统网络规划的基础。

2. 流程模型　即企业的业务流程，包含哪些流程、流程之间的关系、每个流程中包括哪些活动、每个活动涉及的岗位。企业的作业流程首先要有一个总的业务流程图，将企业中各种业务之间的关系描述出来，然后对每种业务进行详细的描述，使业务流程与部门职责结合起来。

数据模型：即企业中的信息载体有哪些？以及对这些信息载体的详细刻画，包括企业的各种单据、账本、报表的描述。

3. 商务规则模型　即企业中的商务规则有哪些？这些规则用在哪些地方？商务规则可以从影响的范围划分为2类：一类是局部的规则，如不允许出现负库存，一类是整体的规则，如对所有的物料管理到批次。商务规则一般是隐藏在功能模型或者流程模型中，不需要单独描述,但是有些复杂的商务规则是需要单独抽取出来描述,如企业的各种单据记账的商务逻辑。

4. 功能模型　功能需求是用户的最主要的需求,对用户功能需求的描述可以采用文字描述,也可以采用语言加图形的描述方式,只要能够将用户的需求描述的完整、准确、易于理解即可。对功能需求比较复杂的系统(如超过 10 个功能项),可以先描述一个概要,对简单的系统可以直接进行详细描述。

二、信息化在现代零售业、服务业中的应用

由于眼镜店的经营形态往往兼具零售业与服务业两种经营形态的特点。所以经营者需要对现代零售业和服务业的经营形态具备一定了解,其中也包括信息化在零售业、服务业中的应用。

(一)零售业信息化应用

一般现代传统大型零售企业在信息化过程中常用的信息系统有如下几类:

1. 企业资源计划(enterprise resource planning,ERP)　主要包括以下功能:供应链管理、销售与市场、分销、客户服务、财务管理、制造管理、库存管理、工厂与设备维护、人力资源、报表、制造执行系统、工作流服务和企业信息系统等。此外,还可能包括金融投资管理、质量管理、运输管理、项目管理、法规与标准和过程控制等。ERP 主要是一种面向制造行业进行物质资源、资金资源和信息资源集成一体化管理的企业信息管理系统,提供跨地区、跨部门甚至跨公司整合实时信息的企业管理软件。针对物资资源管理(物流)、人力资源管理(人流)、财务资源管理(财流)、信息资源管理(信息流)集成一体化的企业管理软件。但往往ERP 系统太过于庞大,并不适合中小型企业。

2. 仓库管理系统(warehouse management system,WMS)　主要包括以下几个功能模块:管理单独订单处理及库存控制、基本信息管理、货物流管理、信息报表、收货管理、拣选管理、盘点管理、移库管理、打印管理和后台服务系统。仓库管理系统是通过入库业务、出库业务、仓库调拨、库存调拨和虚仓管理等功能,对批次管理、物料对应、库存盘点、质检管理、虚仓管理和即时库存管理等功能综合运用的管理系统,有效控制并跟踪仓库业务的物流和成本管理全过程,实现或完善企业仓储信息管理。

3. 客户关系管理(customer relationship management,CRM)　包括市场营销中的客户关系管理、销售过程中的客户关系管理、客户服务过程中的客户关系管理。CRM 是企业为提高核心竞争力,利用相应的信息技术以及互联网技术协调企业与顾客间在销售、营销和服务上的交互,从而提升其管理方式,向客户提供创新式的个性化的客户交互和服务的过程。其最终目标是吸引新客户、保留老客户以及将已有客户转为忠实客户,增加销售额。

4. 供应商关系管理(supplier relationship management,SRM)　包括战略采购与货源管理:采购战略开发,采购费用分析,供应商选择,合同管理;操作性采购:自助服务采购,服务采购,计划驱动采购;供应商协同:新供应商注册,产品研发协同,订单执行协同,库存管理协同,与供应商系统的互连。

SRM 正如 CRM 是用来改善与客户的关系一样,SRM 是用来改善与供应链上游供应商的关系的,它是一种致力于实现与供应商建立和维持长久、紧密伙伴关系的管理思想和软件技术的解决方案,它旨在改善企业与供应商之间关系的新型管理机制,实施于围绕企业采购业务相关的领域,目标是通过与供应商建立长期、紧密的业务关系,并通过对双方资源和竞争优势的整合来共同开拓市场,扩大市场需求和份额,降低产品前期的高额成本,实现双赢的企业管理模式。

5. 采购管理(procurement management,PM)　是计划下达、采购单生成、采购单执行、

到货接收、检验入库、采购发票的收集到采购结算的采购活动的全过程,对采购过程中物流运动的各个环节状态进行严密的跟踪、监督,实现对企业采购活动执行过程的科学管理。采购管理包括采购计划、订单管理及发票校验三个组件。

因为该系统一般与库存管理结合应用,所以也可以将系统集成在 WMS 系统中。

另外还有财务管理系统和人力资源管理系统,由于相对比较通用和独立,不再赘述。

综上所述,对于眼镜零售企业来说最重要的信息化建设就是建立自己的 WMS、CRM 和 SRM 三大系统,并基于这三大系统实现整个零售价值链的数字化和统一贯通,打通商品流、资金流和信息流,并通过自动化、智能化、大数据等技术提高整体运营效率,降低运营成本。

(二)服务业信息化应用

随着社会发展,服务业正逐步由原有的劳动密集型产业转向具备信息密集、知识密集特征的现代服务业。信息技术可以通过以下途径提高现代服务业生产率的增长:

1. 降低服务成本　利用信息技术再沟通速度和信息渠道方面的优势,从而节省服务成本,增加服务产出。服务业涉及了大量的服务中需要由服务提供者与顾客产生大量的交互式沟通,产生了大量需要传播的信息。这些信息通过以计算机、网络为基础的信息技术作为主要载体和传递工具,使得信息在传递范围、传递速度、传递质量上都有了大幅提高,从而节省了服务成本,提高了服务产出。

2. 提高服务质量　现代服务业不同于其他产业的另一显著特征是,在服务过程中,消费过程中具有同步性。服务提供者作为服务消费过程中的物质要素与其生产的服务一起直接进入服务产品的消费过程,因此,服务业劳动者的服务水平对服务生产效率与质量至关重要。信息技术的应用,可以促使其人力资源的构成实现由体力劳动为主转向脑力劳动为主的改变,从而提高其人力资源水平。比如常见的服务企业利用客户关系管理系统,可以通过信息技术手段有效提高收益、客户满意度以及雇员生产力。

3. 创新服务模式　现代服务业生产效率的改善很大程度上取决于服务的创新程度。其中技术能力是创新的重要条件。随着信息技术的广泛应用,一方面服务性企业的供给能力和创新能力不断提高,服务的内容和领域不断扩展,由此涌现出大量新兴服务内容;另一方面,在信息技术的作用下,社会分工越来越细化,专业化程度越来越高,从而产生大量对服务的新需求。这两方面推进了许多新兴现代服务业的发展。例如,依靠网络技术发展起来的电子商务、数字媒体、网络教育、信息服务等。

信息技术的使用还可以突破传统的服务消费模式,即客户通过远程通信不需要面对面就可以与服务供应商取得联系,还可以改变服务生产的方式与服务产品的性质。借助信息技术,越来越多的服务可以实现自助化,既节省了成本,也及时满足了顾客的需求。比如,外卖服务、网上商城、线上银行服务等。

第二节　眼镜店对内信息化管理

不同的眼镜店模式需要选择适合自己的信息服务模式。绝大多数眼镜店的运营者不具备软硬件开发能力,一般都需要采购信息系统或购买信息服务两种方式来构建自己的信息系统。

1. 采购信息系统的模式,称为传统的信息服务模式。需要运营者采购包括支撑整个信息服务的硬件(包括终端、服务器等)和软件,并培养自己的 IT 工作人员进行系统维护。

2. 采购信息服务的模式,称为 SaaS 模式,Software-as-a-Service(软件即服务)。SaaS 的提供商为企业搭建信息化所需要的所有网络基础设施及软件、硬件运作平台,并负责所有前期的实施、后期的维护等一系列服务,企业无需购买软硬件、建设机房、招聘 IT 人员,即可通过互联网使用信息系统。就像打开自来水龙头就能用水一样,企业根据实际需要,向 SaaS 提供商租赁软件服务(图 8-2)。

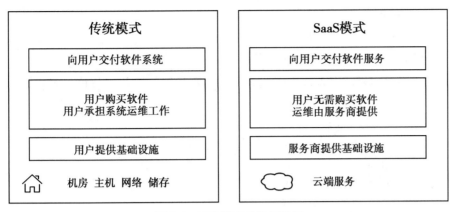

图 8-2　两种模式的服务特征

眼镜店运营者在选择信息服务模式时需要从信息安全性、费用支出、功能需求等方面考虑。一般来讲,单独门店选择传统模式较多,而连锁门店或者大型机构选择 SaaS 模式较普遍。

根据眼镜店规模和性质不同,所需的信息化内容和程度会有不同。但一些重要模块是必不可少的。在实践中,一个完善的眼镜店对内管理信息系统应该包括以下模块:销售系统模块、进销存管理系统模块、客户关系管理系统模块、财务系统模块、人力资源管理系统模块等(图 8-3)。

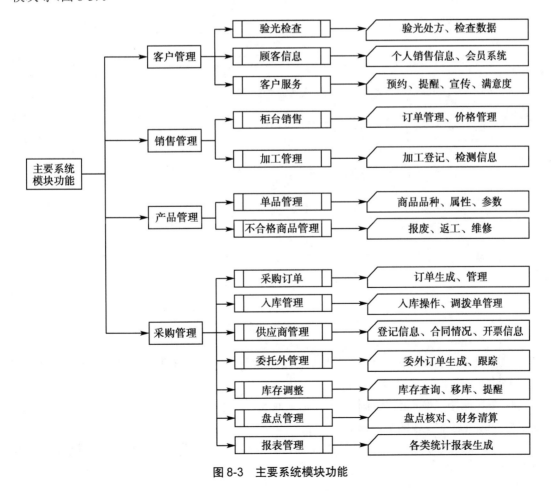

图 8-3　主要系统模块功能

一、客户管理模块

客户管理模块主要包括三部分：验光与检查、顾客信息、客户服务。

（一）验光与检查

通过验光与检查将顾客的视力、视功能、眼球运动等数据输入系统。比较完整的界面应该包括基础检查、屈光检查、视功能、角膜接触镜及其他特殊检查等界面。

1. 在基础检查的界面中主要包括：主诉症状、既往史、视力、眼病情况等信息（图8-4）。

图8-4 基础检查界面

2. 在屈光检查的界面中主要包括：远用处方、近用处方、瞳距、近附加等信息（图8-5）。

图8-5 屈光检查界面

3. 在视功能的界面中主要包括：眼位、眼球运动、调节力、双眼单视功能、集合功能、双眼调节平衡、主视眼、立体视觉等信息。

4. 在其他特殊检查的界面中显示包括眼底照片、角膜地形图、眼轴、眼压等通过检查设备收集到的信息参数和图片信息。

5. 在角膜接触镜验配的界面中主要包括：干眼检查、角膜曲率等其他相关检查项目的数据（图8-6）。

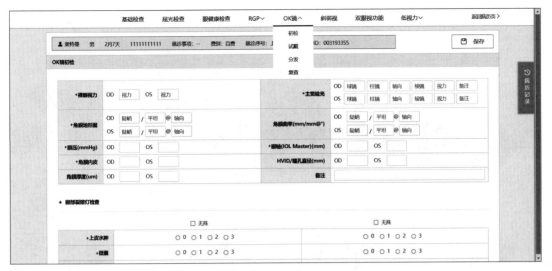

图 8-6　角膜接触镜验配界面

（二）顾客信息

1．个人销售信息　主要目的是收集顾客信息，进行角色分析，对相应人群的购买力及相应商品的畅滞销情况得到真实可靠的数据。系统会将顾客的销售相关信息记录在内以便顾客在下一次配镜或检查时可以了解到自己以往的验配记录和产品信息，甚至包括顾客在选择过程中对产品的偏好等。这些记录对于销售来说是增进了对顾客的了解，另一方面也是对顾客的一种负责任的表现。顾客也会因为得到了较为舒适的服务从而提升对眼镜店的满意度（图 8-7）。

图 8-7　个人销售记录界面

2．会员卡管理　系统可以建立顾客会员卡管理。根据会员顾客消费情况对积分进行转换奖励，回馈给顾客，让顾客和门店产生越来越多的互动，为增加顾客黏度有较好的效果，最终达到顾客和门店双赢的良好效果。

（三）客户服务

眼镜店客户服务系统的设计原则是站在顾客的角度去考虑和完善眼镜店现有的服务流程，为顾客提供更人性化的服务。基于以上考虑，对眼镜店客户服务系统设计进行了细化，可以从以下几个功能去设计眼镜店的客户服务系统（图 8-8）。

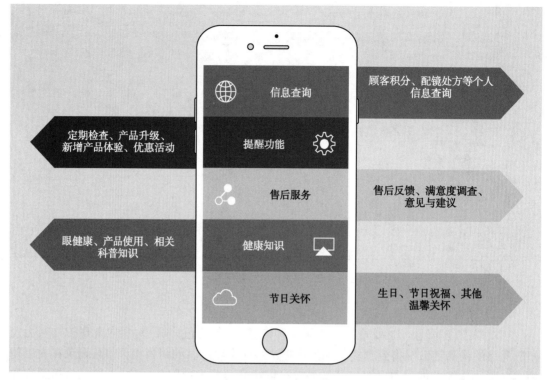

图 8-8　客户服务界面

1. 预约功能　普通预约：顾客可通过手机获取预约信息进行来店预约。预约后系统会自动发送一条讯息到顾客的手机告知预约成功和注意事项等内容。

2. 提醒功能

（1）复验提醒：顾客在眼镜店进行初验后的复验分为两种情况，一是由眼镜店告诉顾客的复验时间，此种情况，由眼镜店在对顾客做检查的时候，眼镜店记录需要顾客复验的时间，眼镜店会根据记录的时间，提前一天根据顾客注册的姓名及手机号发送复验提醒信息。二是眼镜店客户服务系统按照设定好的时间，向眼镜店内记录的需要复验的顾客自动发送复验提醒信息。

（2）到镜提醒：顾客在眼镜店所配现片的眼镜，仓储发料给加工后，眼镜店客户服务系统会根据单据自动发送一条短信给客户，眼镜送到取镜处后，取镜处点击收取的同时会触发客户服务系统自动向顾客注册的手机发送一条提示取镜的短信。

（3）委外订做提醒：顾客在眼镜店订做的镜片，由仓储部向供应商下订单后，眼镜店客户服务系统会向顾客发送提醒。

3. 查询功能

（1）顾客可以发送信息查询验光师的介绍、眼镜店详细地址及电话等信息。

（2）顾客可以通过手机发送短信查询个人的购买信息及会员积分与折扣率等信息。

4. 眼部健康关怀

（1）眼镜店客户服务系统根据顾客验光时的检查记录，根据不同检验结果向顾客发送相关的眼部保健及用眼知识。

（2）眼镜店客户服务系统会提前对不同季节、不同气候条件下不同顾客用眼的注意事项进行分类，定期由客服人员根据相应的季节和气候条件，通过眼镜店客户服务系统将信息发送到每一个顾客的手机上。

5. 服务满意度跟踪　眼镜店客户服务系统可以向顾客发送服务满意度征询短信，了解顾客对眼镜店的服务满意度。

6. 节日问候　在中秋、春节等传统节日到来的时候，眼镜店客户服务系统会自动向眼镜店的顾客发送节日祝福短信。

二、销售管理模块

销售管理系统可以提升销售的效率，提高服务的质量，促进信息的协同。销售管理系统主要依据店内的实际的销售流程来进行设计。一般情况下的销售流程有以下几个环节，详见图8-9。在系统中主要体现在以下两个部分：柜台销售、加工管理。

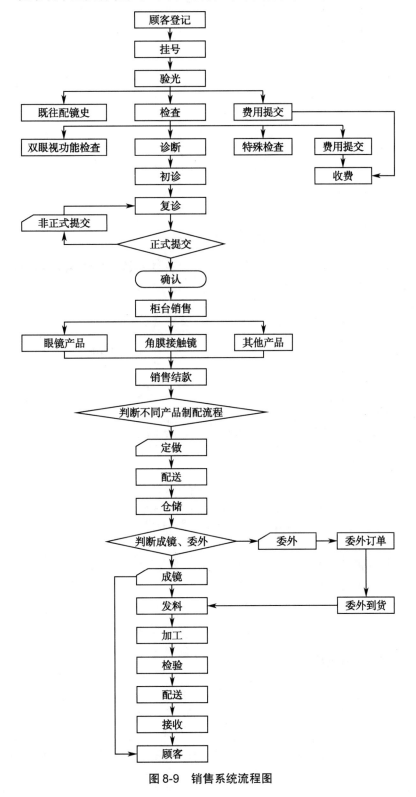

图8-9　销售系统流程图

（一）柜台销售

柜台销售本着快速、高效、准确的原则设计使用界面，对销售环节中需要考虑的功能进行灵活设置。在商品销售过程中根据条形码选择出顾客需要的商品后，系统根据眼镜店需求进行整单打折及单品打折，也可以根据操作人的不同权限对打折额度进行控制，甚至还可以根据需要设置不用优惠形式，包括促销折扣、买赠优惠、满减优惠等，使销售更加灵活。信息系统还应销售人员的业绩进行了详细的统计，对销售人员的销售额、定金、退款、冲回等数据做到一目了然（图8-10、图8-11）。

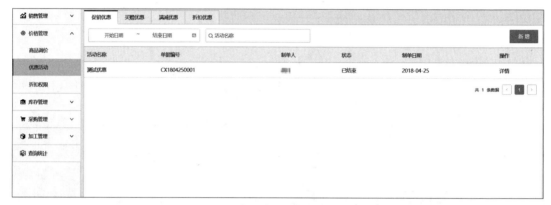

图 8-10 优惠设置界面

图 8-11 销售工作量报表界面

（二）加工管理

在完整的眼镜销售环节中包括对镜片的加工、安装、调试、检测环节。不管对原材料的检验，还是对加工后成品的检验，都会根据国标表允差值分别对主子午面一、主子午面二、斜视、ADD、瞳距等方面进行检验，对哪些商品合格、哪些不合格的镜片进行严格筛查。销售人员需要在这个功能界面进行操作直到最后交付眼镜确认无误（图8-12）。

三、产品管理系统模块

（一）单品管理

单品管理是指以每一个商品品项为单位进行的管理，强调的是每一个单品的成本管理、销售业绩管理。它是零售商根据企业的营销目标，对单品的配置、采购、销售、物流管理、财务管理、信息管理等活动实施统一管理，既管理单品的数量，又管理单品的金额；既管理单品的进销价格，又管理单品的流通成本。

图 8-12 加工管理界面

单品管理的理念应用在眼镜零售业尤为明显。眼镜零售业不同于传统零售业,所销售商品品项较繁杂,比如以镜片为例,包含品牌、材质、球镜、柱镜、折射率、颜色等属性。因此采用单品管理更能准确地描述镜片特征,对同品牌不同光度镜片进行区分。商品进销存的数量得以准确掌握与控制,为商品流转的顺畅提供了保证,也为商品的物流、资金流、信息流的有序运行创造了良好的条件(图 8-13)。

图 8-13 产品设置界面

(二)不合格品管理

在门店销售中不能避免由于各方面原因产生不合格品,镜架脱焊、镜片开胶都是日常销售中经常出现的。在没有系统的情况下,日常销售出现不合格品后,不能及时得到处理而造成丢失、混乱,可再用商品不能得以及时回收。通过系统发现不合格品后,在系统中填写不合格品通知单,详细填写不合格品原因。由仓储部在月底进行统一处理调配,使门店告别了没有系统时不合格品管理的混乱情况。

对于不合格品的处理在系统中也有很多种方式,分为以下几种(图 8-14):

1. 报废 对于不能使用如影响人身财产安全或经济上产生严重损失的不合格品,应予以报废处理。

2. 返工 返工是一个程序,它可以完全消除不合格,并使质量特性完全符合要求,通常返工决定是相当简单的,检验人员就可以决定,而不必提交"不合格品审理委员会"审查。

3. 返修 返修与返工的区别在于返修不能完全消除不合格品,而只能减轻不合格品的程度,使不合格品尚能达到基本满足使用要求而被接收的目的。

4. 原样使用 原样使用也称为直接回用，就是不加返工和返修。直接交给用户。这种情况必须有严格的申请和审批制度，特别是要把情况告诉用户，得到用户的认可。

图 8-14 报废登记页面

四、采购管理模块

针对眼镜店的采购管理（procurement management）是采购订单生成，采购订单执行，采购收货，入库检验，商品入库，采购发票处理的采购活动的全过程，对采购过程中物流运动的各个环节状态进行严密的跟踪、监督，实现对企业采购活动执行过程的科学管理（图 8-15）。

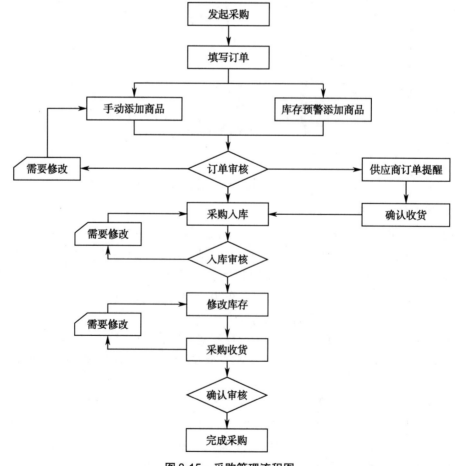

图 8-15 采购管理流程图

（一）采购订单管理

如镜片或接触镜,此类商品型号繁多,一个系列因度数的差异,拥有几百个完全不同的型号,为了防止出现供不应求的情况,通常需大量备货,库存资金占用了大量的现金流。使用眼镜店信息化管理系统,可根据销量进行库存警告设置,快速补货,根据供应商进行自动计算费用,以及自动核算折扣比例,加权平均成本等(图8-16)。

图8-16　采购订单生成界面

（二）入库管理

根据各眼镜店的不同需求,可选择商品直接入库、采购订单、供应商发货单等多种商品收货方式进行入库。采购的货物在入库后,可进行最新的加权平均计算,以满足财务的借贷需求,同时,在入库后,可自动跟踪回各个需求调拨单,并进行自动分配货物,大大便捷了库存管理人员的选货工作。如使用采购订单的收货方式可与采购订单进行比对,标记本次订单未收货商品及需调换的商品,提交供应商进行再次发货(图8-17)。

图8-17　调拨单界面

（三）供应商管理

对供应商资质、工商登记、合同情况、采购发票信息等进行记录管理。其中采购发票是供应商开给购货单位,据以付款、记账、纳税的依据。采购发票具有业务和财务双重性质。发票是确认收入实现的标志;同时,采购发票包括增值税发票、普通发票的丰富内容,是抵扣税额的法定凭证。发票也是财务人员据以记账、核算成本的重要原始凭证。在眼镜店信息化系统中，发票与采购入库单钩稽后，需要继续处理入库核算、自动生成记账凭证，从而为正确进行利润的计算和结账打下基础。

（四）委外管理

鉴于眼镜行业的特殊性，门店配镜销售过程中会有委外加工和委外订做片的特殊处理要求。委外订做片采购是一种较为特殊且普遍的采购流程。眼镜店信息化系统，为了更快速地控制定制商品的需求，在前台销售订单生成后，将自动建立一条快速通道，通过采购审核，采购部门可直接看到采购的商品具体定制要求，并提交有特殊定制需求的订单给供应商。供应商来片后眼镜门店可按配镜单及批量商品进行收货处理。并可进行委外订单时点跟踪（图8-18）。

图 8-18　委外订单查询界面

（五）库存调整

对于眼镜店来说，最头痛的莫过于不了解店内的实时商品数量，更无法了解某种商品在一段时间内的库存流转情况。而采用传统的手工对账方式，势必造成大量的人力消耗。

眼镜店信息化管理，可以有效地对商品库存进行实时监控，可以细化到指定仓位下，某型号商品的实时监控，真正做到心中有数。

根据信息化系统的库存台账功能及商品收发存报表可以准确地查询出某型号商品的入库及发出情况（图8-19）。

图 8-19　库存查询界面

（六）盘点管理

盘点管理的目的是制定合理的盘点作业管理流程，以确保公司库存物料盘点的正确性，达到仓库物料和公司财产有效管理的目的。

在早期的眼镜店中，采用月底统一的手工盘点方式。此盘点方式缺点：占用大量人力；月月盘，月月不对。此类问题在眼镜行业信息化中得到了完美解决：全条码化的物料管理体系，全标准化的操作模式，无差异的物料及追踪系统，这正是眼镜行业信息化所努力的方向。

逐一品牌系列盘点方式，可进行单个扫描，扫描将条码自动进行匹配，实时导入系统，实时与库存实际数量进行比对。可以显示单个商品盘点数量、账存数量、系统自动计算出盈亏数量，一目了然（图8-20）。

图8-20　盘点管理界面

（七）决策分析

随着眼镜行业计算机应用和信息化程度的不断深入，眼镜行业已经积累了大量的业务和财务数据，并继续随着时间和业务的发展而呈几何级膨胀趋势。眼镜行业信息处理部门的工作重点已逐渐超越了简单的数据收集，眼镜行业内的各级人员都希望能够快速、准确并方便有效地从这些大量杂乱无章的数据中获取有意义的信息。

根据日常的数据收集工作，利用报表展现、填报、汇总、统计分析、打印输出等功能，呈现内容也从多个角度进行了分析，比如：供应商、产品畅滞销、销售同期对比、商品销售分析表等（图8-21）。

图8-21　供应商销售统计报表界面

供应商评估报表门店可以通过此报表对供应商的服务、商品销售情况、商品合格率进行分析，有助于对库存量的把控。对于不合格的供应商指定相应决策（图8-22）。

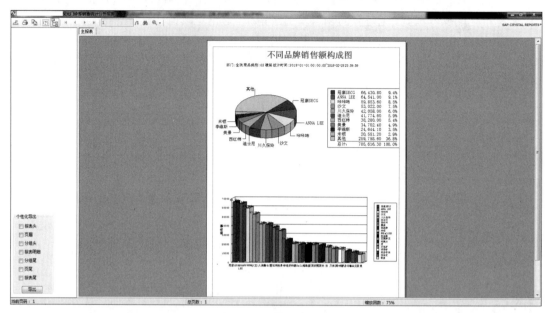

图8-22　销售分析饼图

此报表分析包括了某时间段内销售的眼镜架品牌，销售金额与占比以图表的形式体现出来，使效果更加立体、直观。

五、其他系统模块

除了与眼镜店业务直接相关的信息模块之外，在企业管理中还有以下不可或缺的模块：

（一）人力资源系统模块

随着知识经济时代的来临，人才资源已经成为企业最为重要的资源。人力资源信息化管理凭借先进的计算机技术、信息管理技术、网络通信技术，将显著增强人力资源管理的综合效能，并不断拓宽管理领域，使人力资源管理从传统的行政事务性工作向效益化、效能化的方向发展，从以"管人"为主，向"管人"与"管事"相结合的方向发展。随着人力资源管理、人力资源开发、人力资本管理等现代管理思想的不断深化，信息化的人力资源管理将成为组织战略管理的核心组成部分，发挥巨大的管理效益。人力资源信息化管理的目标及意义，包括以下几个方面内容：

1. 实现信息共享　人力资源信息化管理系统可以将组织以往散乱存放、难以查找的文档资料以电子化、数字化的形式统一保存，形成统一标准、集中存储、分工维护、授权访问的管理机制，便于查阅和传递信息，实现信息资料的综合应用。同时，还可以借助数据库技术和信息处理技术，对信息资料进行指标化、定量化的加工和分析，获得结构化的信息数据，并借助网络技术和权限控制技术，在确保存储安全和访问安全的前提下，实现信息数据的共享。

2. 知识累积　知识创新已成为组织生存发展和取得竞争优势的力量源泉。人力资源信息化管理的一个重要作用是建立起组织内部的知识管理体系，把知识当成资产有效管理，主要包括以下几个方面的工作：一是建立信息数据库，把显性的知识有效存储和充分共享；二是通过指标化、量化的工作分析和关键业绩指标考核积累业务数据，通过大量、翔实的数据掌握业务的运行状态和趋势；三是挖掘隐性知识，通过便捷的反馈和记录机制，将人员的经验体会、意见建议、创新思路等有效采集、整理、加工成可供采纳和分享的知识；四是利用网络化的沟通方式，促进组织内部的信息传递，促进人员间的知识交流，建立起尊重知识、积聚知识、使用知识的文化氛围。总之，可以通过信息化的平台，将个体的聪明才智汇聚为组织的集体智慧，增强创新能力和应变能力。

3. 精益化管理　随着精益管理思想从生产制造领域向管理业务领域的延伸，管理的内涵得到了极大的丰富和完善。用户满意度成为评判业务成效的主要标准。组织的工作内容和岗位设置被科学地规划和设计，从"做正确的事"入手，到"正确地做事"，主张减少不必要的、重复的工作环节，减少浪费、节约成本，有效地整合人、财、物等各种资源。绩效评价体系也从以往概念化的定性判断转变为依据细化、量化、指标化的翔实数据进行科学的定量考评。

4. 决策支持　决策的正确性与掌握信息的全面和准确程度成正比。人力资源信息化管理一方面可以依靠准确、高效的数据库系统，按照指标化、量化的决策支持模型管理信息数据，为科学决策提供数据保证；另一方面可以依靠信息管理系统提供的图形化显示功能，以图表、图形等形式实时、动态、直观地展现信息数据和分析结果，使决策者及时、便捷地掌握第一手的业务动态。

5. 推进组织管控　人力资源信息化管理可以为组织提供弹性的组织结构和优化的人员配置，强化组织管理、岗位设置、团队管理将成为实现组织管控的有效途径。

6. 改善沟通　依托计算机网络的人力资源信息管理平台，就像人体内的神经系统，可以凭借电子刊物、公文流转、信息发布、内部论坛、即时通信等丰富多样的技术手段，将规章制度、工作简报、通知公告、业务交流等信息完整、准确地传达给所有人员，并及时反馈意见建议，实现各级之间顺畅的信息沟通，营造文化氛围和价值认同。

（二）财务系统模块

根据眼镜店的类型和规模不同对财务系统的要求各有不同。但财务管理信息化具备一些普遍的功能模块：

1. 会计事务处理　是财务的核心工作内容，包括财务人员的记账功能、报表功能、账务处理功能等。

2. 财务管理　是以现代化计算机技术和信息处理技术为手段，以财务管理提供的模型为基本方法，以会计信息系统和其他业务系统提供的数据为主要依据，对企业财务管理的程序化问题进行自动或半自动的实时处理，从而实现对有关业务活动的控制功能。例如，对产品订购的管理，系统可以提示企业的经济订购批量是多少，显示出哪些产品库存已降至最低储备量需要及时订购补充。

3. 决策支持　是一种非常灵活的交互式信息系统，它可以用来解决事前难以准确预测或者是随机变化的问题。一般说来，财务决策支持系统通过其良好的交互性，使财务人员能够进行一系列"what-if"分析，再运用不同的模型，列举可能方法，协助分析问题、估计随机事件的各种可能结果、预测未来状况等方式，为企业决策者制定正确科学的经营决策提供帮助，同时对企业财务风险起到事先防范的作用。

4. 组织互联　用于使企业的财务工作与其他业务工作；或本企业与其他关联企业之间的财务信息自动流动，用以支持企业财务管理的计划、组织、控制、分析、预测、决策等各个环节，以支持企业的生产与经营。做到数据及时、准确的联通。

第三节　眼镜店对外信息化应用

一、移动社交平台应用

随着互联网技术的不断发展、移动社交平台的出现，人们的生活方式也随之产生变化。社交需求越来越依赖移动社交平台的今天，移动社交已经应用到各行各业并不断催生出新的商业模式。企业搭建对外信息服务平台也逐步从传统 PC 端的网站建设转移到移动互联网平台上。移动社交平台应用大致可分为两类：点对点为主的社交平台与点对面为主的社交平台。点对点社交平台的特征是服务范围以深度为考量，侧重用户之间互动，用户之间相对是强关系，传播方式更为封闭，私密性更强。点对面社交平台的特征是服务范围以广度为考量，侧重内容传播，用户之间相对是弱关系，传播方式更为开放。在眼镜店运营中同样可以根据不同类型移动社交平台的特点制作合理的内容与顾客产生更为紧密的互动，对品牌和服务带来积极影响。以下对目前主流的移动社交平台进行介绍以及在眼镜行业中的应用进行举例分析。

二、点对点为主移动社交平台

点对点的传播模式为主的移动社交平台，以微信为例。微信（WeChat）是 2011 年 1 月 21 日推出的一个为智能终端提供即时通信服务的免费应用程序。微信支持跨通信运营商、跨操作系统平台通过网络快速发送免费（需消耗少量网络流量）语音短信、视频、图片和文字，同时，也可以使用通过共享流媒体内容的资料和基于位置的社交插件"摇一摇""漂流瓶""朋友圈""公众平台""语音记事本""钱包"等服务插件。微信已经覆盖中国 94% 以上的智能手机，月活跃用户达到 8.06 亿，用户覆盖 200 多个国家、超过 20 种语言。此外，各品牌的微信公众账号总数已经超过 800 万个，移动应用对接数量超过 85 000 个，广告收入增至 36.79 亿元人民币，微信支付用户则达到了 4 亿左右。

通过几年的发展，微信模式的社交平台已经从社交属性逐渐发展出包括电子商务属性、娱乐属性、客户服务属性等多重信息服务功能属性。其中在商业应用领域的"微信公众号"和"小程序""微信群"等功能的作用尤为突出。

1. 微信公众号　作为自媒体平台在商业应用上集合了营销、互动、服务等功能。依托于微信强大的平台和用户数量，企业既可以通过建立品牌订阅号进行各种传播形式，包括单向传播、互动传播、人际传播、组织传播、大众传播等。也可以通过建立服务号的形式提供更多线上功能进行客户管理，比如整合会员管理功能等。因为具备垂直领域做深做强的可能，不少品牌、零售服务业企业都开设了自己的微信公众平台。其中包括眼镜行业也有不少尝试。

微信公众号的特点与优势归纳如下：

（1）更高的传播有效性。由于公众号内容传播是通过订阅客户的线上人际网络进行传播，所以传播的真实性、有效性、主动传播性更具优势。

（2）更好的便捷性。因为随时随地提供信息与服务，让服务范围更广，服务时间更长，并且由于不需要另外安装应用程序 app，用户关注即可享受服务，在便利性上大大提高。

（3）更精准的营销和服务定位。通过微信公众平台可对用户进行分组，并且通过"超级二维码"特性（在二维码中可加入广告投放渠道等信息），可准确获知你的客户群体的属性，从而让营销和服务更个性化、更精准。

（4）更丰富的内容，便于分享。相比传统媒体的一个显著特点就是移动互联网技术的应用，通过手机等终端可以随时随地浏览资讯传递消息，碎片化的时间得以充分利用，内容有图片、文字、声音、视频等多种媒体传播形式，更加便于分享用户的所见所闻。同时用户还可以通过微信的"朋友圈"功能，通过转载、转发及"@"功能来将内容分享给好友。

（5）基于 LBS（location based services），特殊的地理位置服务。LBS，基于地理位置的服务。"定位服务"确定移动设备或用户所在的地理位置；提供与位置相关的各类信息服务。而地理位置是商家进行精准营销的重要信息。

（6）更低的营销成本，可持续性更强。以往，顾客离开企业或门店后，除了电话与短信，没办法与客户再建立联系;现在企业把客户聚集到公众平台,企业可向客户不定期推送信息,让客户对企业的品牌认知度越来越深。过去,企业投放媒体广告,投放时,效果不错,广告结束了,交易结束了,客户没留住,因此需要不停地投放广告,而广告成本也续年增长,这是企业面对的共同问题,要是把所有客户加到公众平台,建立联系,持续下来,将发挥更好的效果,同时也节省了投放广告的预算。另外,微信公众号本身提供了基本的功能模块,在编辑和投放内容与功能开发上都降低了人力资源成本(图8-23)。

2. 微信小程序 简称小程序,英文名 mini program,是一种不需要下载安装即可使用的应用,它实现了应用"触手可及"的梦想,用户扫一扫或搜一下即可打开应用。全面开放申请后,主体类型为企业、政府、媒体、其他组织或个人的开发者,均可申请注册小程序。小程序、订阅号、服务号、企业号是并行的体系。

在功能上"小程序"要强于一般的"微信服务号",在使用便捷性上又优于需要安装的应用程序 app。在应用方面目前很多偏重服务功能的企业陆续开发了自己的小程序,比如共享单车、银行服务、航空公司、外卖平台等。

眼镜店可以将自己的线上销售店直接做到小程序平台上,方便顾客快速打开使用(图8-24)。

图8-23 某连锁眼镜店的微信公众服务号

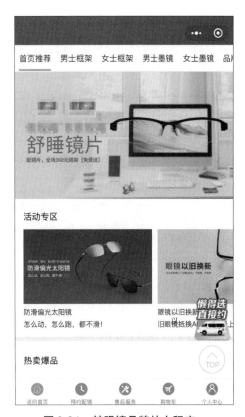

图8-24 某眼镜品牌的小程序

三、点对面为主的移动社交平台

点对面为主的传播模式的移动社交平台近年来也逐步开始细分。以微博为代表的是图文形式的即时博客,有以短视频形式的社交平台,也有以直播形式的社交平台。虽然不同模式下的商业应用各有特色,但就对于品牌和企业而言都是崭新的获得顾客的途径和服务顾客的场景之一。

1. 微博 微博(Weibo),即微型博客(microblog)的简称,也是博客的一种,是一种通过关注机制分享简短实时信息的广播式的社交网络平台。微博是一个基于用户关系信息分享、传播以及获取的平台。用户可以通过 WEB、WAP 等各种客户端组建个人社区，以 140 字(包括标点符号)的文字更新信息，并实现即时分享。在商业应用和媒体传播的特点上，微博具有快速响应、实时性、原创性、便捷性、成本低等特点。可以作为一种对外形象和品牌形象塑造的补充。运用得当也可以在短时间内拥有一定数量的品牌拥护者或者是忠诚顾客(图 8-25)。

图 8-25　某眼镜连锁店的微博营销

2. 短视频与直播平台　近年来兴起的一种以分享短视频输出内容吸引关注进行线上社交的一种新型社交模式。相比图文形式的内容，视频内容可以更直观地表达内容，利用这种形式比传统微博对年轻一代消费者产生更为直接的影响。就目前短视频和直播平台的受众增速来看，类似平台在未来逐步也会成为市场营销的重要场景。

四、H5 页面的应用

在实际运营过程中，有一些第三方的信息小工具，可以帮助我们实现一些特点功能，在营销活动和服务中起到品质提升的作用。另一方面，随着计算机技术的发展，有越来越多的第三方信息工具可供运营者选择。一些原先聘请专业人员或者购买专业服务的内容，现在通过使用一些免费或者较低价格的应用工具可以节省部分成本。其中 H5 页面的应用就是一种不错的载体形式。

H5 页面是指超文本标记语言 HTML5 制作的 web 网页，其特点是强化了一般 web 网页的表现性能，出现了模板、图片、文字、特效等内容。常见用于活动电子邀请函制作、活动报名、动态广告、互动小游戏、互动抽奖等诸多商业应用。目前可选的 H5 页面制作工具很多，初学者也可以根据模板进行内容编排，大大减少了内容制作成本。绝大多数 H5 页面可以在各种移动社交网络平台传播，大大提高了内容传播的丰富性和互动性(图 8-26)。

图 8-26　H5 页面在线制作界面

第四节　眼镜店信息化未来趋势

一、远程验光技术

随着电子商务的普及，消费者的消费习惯也随之产生改变，相当一部分消费者选择了从线上购买眼镜产品。为了解决线上验光的问题，目前一些高科技公司也投入研发。一些线上验光产品也已经开始问世。目前在商业上开始应用的线上验光产品主要是以下几类：

1. 利用便携式装置进行移动验光　将综合验光设备的镜片组进行轻便化或者利用虚拟技术模拟不同度数的效果来进行自测（图 8-27）。

图 8-27　移动验光设备

2. 利用智能手机增加配件进行验光　利用智能手机的屏幕和摄像头，增加特殊设计的配件可以使智能手机具备屈光度测量功能（图 8-28）。

3. 利用家用电脑屏幕进行验光　使用屏幕作为视标，通过被测者在一定距离配合程序要求进行若干步骤，通过主觉判读情况分析出屈光度（图 8-29）。

以上产品目前主要是对消费者进行屈光度、瞳距、原片度数测量三方面提供数据，但数据的准确度与传统门店验光仍有差距。未来精度方面的不断提高是产品开发的主要方向。

图 8-28 智能手机验光设备

图 8-29 在线验光应用

二、虚拟现实应用

虚拟现实 VR 和现实增强 AR 作为未来科技发展的重要领域也发展出针对眼镜行业的应用场景。常见分为两类：

1. 镜架虚拟试戴 利用摄像头和面部识别跟踪技术，适配眼镜架，实现动态试戴的效果。让消费者足不出户也能体验试戴效果（图8-30）。

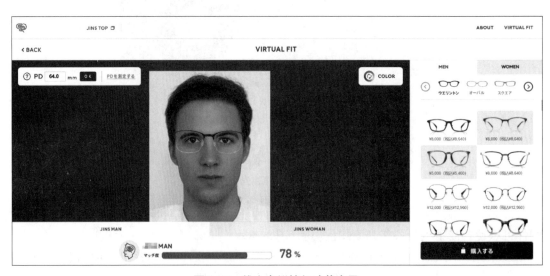

图 8-30 线上虚拟镜架试戴应用

2. 镜片虚拟体验 利用虚拟现实技术来模拟不同镜片试戴效果。让消费者直观地感受到镜片的效果（图8-31）。

图 8-31　镜片效果模拟 VR 系统

三、人工智能应用

人工智能（artificial intelligence），英文缩写为 AI。它是研究、开发用于模拟、延伸和扩展人的智能的理论、方法、技术及应用系统的一门新的技术科学。人工智能是计算机科学的一个分支，它企图了解智能的实质，通过深度学习，生产出一种新的能以人类智能相似的方式做出反应的智能机器，该领域的研究包括机器人、语言识别、图像识别、自然语言处理和专家系统等。目前人工智能尝试应用在眼健康领域的主要集中在 AI 语言识别和 AI 图像识别上。

1. AI 语言识别可以实现智能语音客服，直接让计算机独立完成人工客服工作，大大减少人工。

2. AI 图像识别可以实现利用系统对顾客眼部图像进行采集从而进行智能分析对疾病进行诊断和判断。目前已经有眼镜连锁机构开始尝试使用 AI 系统进行眼底疾病筛查。

四、"新零售"模式

"新零售"模式是一种以消费者体验为中心的数据驱动的泛零售形态。随着大数据、云计算、移动互联网的发展，为"新零售"模式提供了基础。另一方面，消费者数字化程度的提高，消费认知升级，购买途径选择性增多等原因带来了消费升级。对销售提出了更高的要求。

这种模式主要有三个特征：

1. 数据为本　通过对场景中各种数据的收集分析从而掌握消费者的需求。通过数据与商业逻辑的深度结合，让数据信息贯穿整个生产、销售、售后环节。

2. 消费者提供需求　不同于传统零售业的产品提供的消费需求，"新零售"模式在更大的程度上给予了消费者权利，消费者不断产生的新需求可以形成为新的产品和新的服务模式。

3. 智能化　通过技术进步和改造，人工智能逐步代替人力。实现自助销售，无人销售，3D 技术；打通线上销售与下线体验。

在眼镜销售领域，"新零售模式"也在不断探索。未来利用"人工智能""远程验光""虚拟现实""大数据应用"等技术创建完全不同于传统的销售模式。

对于未来的场景描述：通过"人工智能"提醒消费者产生购买需求，消费者可以通过"远程验光"技术获得精确的验配度数、线上"虚拟试戴"完成镜片选择和镜架设计，通过 3D 打印技术实现同步的"个人定制"眼镜架,通过"智能物流"迅速获得产品,而这整个流程产生的数据利用"大数据"技术又为企业提供了有价值的信息(图8-32)。

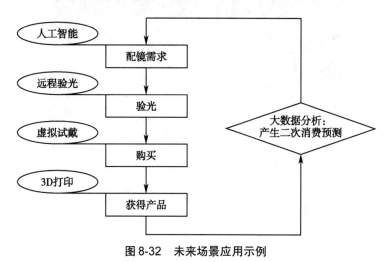

图8-32　未来场景应用示例

（王　犁）

参 考 文 献

1. 杨智宽. 视光与验配中心管理技术. 北京:高等教育出版社,2015.

2. 杜睿云,蒋侃. 新零售:内涵、发展动因与关键问题. 价格与理论实践,2017,02:139-141.